AF288239

Entspannende Geschichten

Band 2

param

Bibliografische Information Der Deutschen Bibliothek

Die Deutsche Bibliothek verzeichnet diese Publikation
in der Deutschen Nationalbibliografie;
detaillierte bibliografische Daten sind im Internet über
http://dnb.ddb.de abrufbar.

Für alle Kinder,
die mich jung gehalten haben.

Für meine Familie und Freude,
die mich weiser gemacht haben.

Für meinen Ewigen Vater,
der mich hat wachsen lassen.

© Copyright 2013 by Param Verlag, Ahlerstedt
überarbeitete und neu gestaltete Auflage
Erste Auflage © Copyright 2007
Alle Rechte vorbehalten

Titel der Originalausgabe
The Wishing Star
52 Meditations for Children
Copyright © 2004 by O-Books, Hants

Umschlaggestaltung   ComGraphiX, Ahlerstedt
Umschlagillustration   Nicola Wyldbore-Smith
Satz und Gestaltung   ComGraphiX, Ahlerstedt
Gesamtherstellung   Interpress, Budapest

ISBN 3-88755-412-5
www.param-verlag.de

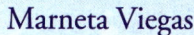

Marneta Viegas

Entspannende Geschichten

Band 2

52 Visualisierungen zum Vorlesen

param

Kinder von heute erfahren

oft nicht, wie man entspannen kann, um seine Möglichkeiten voll auszuschöpfen. Heranwachsende Kinder sind verwirrenden Bildern und negativen Ideen früh ausgesetzt. Sie wachsen heran, ohne ihre mentale und intellektuelle Kraft in dem Maße zu entfalten, wie es möglich wäre. Manche Kinder haben zu ihrem Smartphone eine innigere Beziehung als zu Personen – Eltern und Geschwister einbezogen.

Wie können wir verhindern, unsere Kinder an ein Display zu verlieren? Wie können wir ihre Aufmerksamkeit auf das Lebendige richten? Wie können wir unseren Kindern in dieser wichtigsten Phase ihres Lebens helfen, Körper und Geist zu entspannen und ihre kreativen Kräfte zu entfalten?

Marneta zeigt Kindern, wie sie zur inneren Ruhe finden können und welche Schätze es dort zu entdecken gibt. Ihre inspirierenden Visualisierungen können Kinder schnell selbst anwenden, wenn sie es für sich so entscheiden.

Die Geschichten in diesem Buch sind kleine Abenteuer, die jedes einen ganz eigenen Schatz bergen. Die Bewusstheit des Kindes wird in die innere Dimension erweitert. Das ist die Grundlage für Selbstbewusstsein und Kreativität. Ihr Kind entdeckt seine eigene innere Welt und erkennt sein unbegrenztes Potenzial. Erleben Sie diese Geschichten zusammen mit Ihren Kindern und ihre Herzen werden gemeinsam singen und hüpfen.

Mike George

Ich hatte eine sehr glückliche Kindheit. Ich konnte all die Dinge tun, die Kinder tun sollten, wenn sie die äußere und ihre innere Welt entdecken. Ich lag in Weizenfeldern, schaute in den Himmel und stellte mir vor, auf den Wolken zu liegen und dahinzusegeln. Ich verkleidete mich und glaubte, eine Prinzessin oder ein Zauberer zu sein. Ich zählte die Sterne in klaren Nächten. Ich ging durch Feentüren in unsichtbaren Mauern und reiste in ferne Königreiche und Phantasiewelten.

Für dieses Buch habe ich Meditationen geschrieben, in denen Augenblicke der Stille mit phantastischen Imaginationen verbunden werden. Heute ist es nicht immer möglich, allein in Feldern zu liegen oder in klarer Nacht draußen zu sitzen und Sterne zu zählen. Deshalb möchte ich Kindern zeigen, dass sie in ihrer inneren Welt eine eigene unendliche Welt voller Abenteuer und Zauber haben.

Marneta Vieagas

Anwendung

Die entspannenden Geschichten sind ein Zauberbuch, das Sie zur Erholung oder beim Zubettgehen mit Ihrem Kind lesen können. Es ist eine sanfte und fröhliche Art, Kinder in die Entspannung zu führen.

Die farbenfrohen Illustrationen und die leicht zu lesenden Erzählungen ermuntern Kinder, eine magische Reise in ihren Innenraum zu unternehmen. Die Geschichten lehnen sich an bekannte Märchen und andere Erzählungen an, wobei Positives übernommen und was erschrecken könnte fortgelassen wurde.

Wenn Bettzeit ist, sind viele Kinder noch sehr wach. Genau wie die Erwachsenen leiden auch sie an der Überreizung. Dieses Buch wirkt Spannungen entgegen, die wir alle am Ende eines geschäftigen Tages kennen. Die Meditationen und Visualisierungen geben Kindern Gelegenheit, etwas Zeit mit sich selbst zu verbringen und ihre innere Welt zu erkunden, was Ängste lindert und erholsamen Schlaf fördert.

Oft ist das Letzte, was Sie sich nach einem anstrengenden Tag vorstellen können, Ihrem Kind beim Zubettgehen eine Geschichte vorzulesen. Deshalb ist dieses Buch so angelegt, dass Sie sich gemeinsam mit Ihrem Kind entspannen können. Die Affirmationen ganz unten auf der Seite sind für Sie gedacht.

Dieses Buch ist auch zum Vorlesen im Kindergarten oder der Grundschule geeignet, um Augenblicke der Ruhe und Besinnung zu schaffen. Die Visualisierungen sind mit Eltern, Kindern und in Schulen erprobt worden.

Vorlesen

Zur Einstimmung können Sie ein wenig sanfte Musik spielen. Die Geschichte können Sie willkürlich aussuchen oder Sie gehen das Buch der Reihe nach von vorne bis hinten durch. Wenn Sie die Geschichten und ihre Visualisierungen schon gut kennen, wollen Sie vielleicht auch ganz gezielt eine aussuchen, die zu der aktuellen Situation passt.

Die Affirmation, die am Ende der Geschichte, ganz unten auf der Seite steht, ist für den vorlesenden Erwachsenen gedacht und soll helfen, die Aufmerksamkeit zu sammeln und eine Atmosphäre zu schaffen, die das Kind in seiner Einstimmung unterstützt. Es ist gut, wenn Sie diese Affirmation zunächst still für sich lesen und kurz in sich nachklingen lassen.

Nach diesem Moment gemeinsamer Stille, beginnen Sie vorzulesen. Lesen Sie langsam. Lassen Sie jedes einzelne Wort schwingen und machen Pausen, die es dem Kind erlauben, seine Vorstellungskraft einzusetzen und die gehörten Bilder in sich erscheinen zu lassen. Besonders wenn die Geschichte das Kind auffordert, sich etwas vorzustellen oder eine Frage innerlich zu formulieren, machen Sie eine Pause, die ihm Gelegenheit dazu gibt. Es hilft, an solchen Stellen einmal tief ein und – langsam auszuatmen. Das unterstützt auch Ihre Entspannung.

An vielen Stellen wird das Kind aufgefordert, bewusst zu atmen. Gerade hier ist es wichtig, langsam genug vorzulesen, damit der Atemzug auch möglich ist. Nach der Aufforderung zum Einatmen steht im Text immer ein Gedankenstrich. Er soll daran erinnern, an dieser Stelle eine kleine Pause zu machen. Es ist die Pause, die wir ganz natürlich zwischen dem Einatmen und – Ausatmen machen.

Eine weitere Besonderheit sind die Wiederholungen. Entweder wird der gleiche Satz mehrmals wiederholt oder es wiederholen sich Sätze im Sinne einer Aufzählung. Gerade dabei ist die Versuchung groß, immer schneller zu lesen, ganz im Gegenteil sollte aber jede Wiederholung ein wenig langsamer als die vorhergehende gelesen werden, weil dadurch die Ruhe gesteigert und gesteigert – und gesteigert – wird.

Vielleicht möchten Sie das Kind nach dem Vorlesen in den Schlaf gleiten lassen. Einige Geschichten sind durchaus dafür konzipiert. Vielleicht möchte das Kind aber auch erzählen, was es erlebt hat, was visualisiert wurde, wie auch die Gefühle, die damit verbunden waren. Oder es bleibt ganz still bei seinen inneren Erfahrungen und fühlt sich einfach nur behütet und geborgen.

DER ZAUBERSTERN

Schließe Deine Augen, werde ganz still und stell dir vor,
du liegst am Abend im Gras.

as Gras ist weich und warm und du kannst den frischen Duft der Erde riechen. Wenn du sehr still liegst, kannst du das Gras ganz leicht rascheln hören. Es ist eine warme Sommernacht und der Himmel ist vollkommen schwarz. Du siehst schimmernde Funken im samtenen Schwarz des Himmels und diese Sterne bilden interessante Muster. Schau dir diese Muster eine Weile an.

Einer der Sterne fasziniert dich besonders. Es ist der größte und er funkelt wie ein Brillant. Wenn du genau hinschaust, kannst du alle Regenbogenfarben in ihm erkennen. Es ist der wunderbarste Stern, den du je gesehen hast. Er glänzt am schwarzen Himmel. Und er scheint größer und größer zu werden. Er strahlt heller und heller. Es ist der Zauberstern. Du kannst dir wünschen, was immer du möchtest. Denk einen Moment nach, was du dir wünschen möchtest, und wenn du so weit bist, flüstere dem Stern deinen geheimen Wunsch zu. Es sieht aus, als ob er dabei lächelt.

Du bist glücklich und zufrieden, dass der Zauberstern deinen geheimen Wunsch gehört hat, und du bist ganz sicher, dass dein Wunsch zu gegebener Zeit erfüllt wird. Sei ganz still – bewege keinen einzigen Muskel – und stell dir vor, wie du dich fühlen wirst, wenn der Wunsch erfüllt wird. Bleib dabei, solange du magst.

Und nun, wenn du so weit bist, wackele mit deinen Fingern und
Zehen, streck dich ganz weit und dann
öffne deine Augen.

Alle meine Wünsche werden wahr.
Alle meine Wünsche werden wahr.

Schließe Deine Augen, werde ganz still und stell dir vor, dass es einen winzigen Raum genau in der Mitte deines Kopfes gibt.

Ein winziger Raum, wo es weder Krach noch Bewegungen gibt. Es ist dort vollkommen still. Dies ist dein eigener geheimer Ort, an den du gehen kannst, wann immer du magst. Niemand kann dort hinein kommen, weil die Tür mitten in Deinen Gedanken ist und sie deshalb keiner finden kann. Es ist ein Ort, an den nur du gehen kannst, wenn du ganz für dich sein willst. Es ist dein ganz privater Ort. Kannst du die Tür in Gedanken öffnen und diesen ruhigen Raum betreten?

Es ist herrlich, dort in der Stille zu sitzen. Es ist so still und friedlich in deinem Geist. Solange du dort bist, genieße die Stille und den Frieden. Nimm einen tiefen Atemzug. – Wenn du einatmest, atme das Gefühl von Frieden ein. Und wenn du ausatmest, atme das Gefühl von Frieden aus. – Du fühlst dich hier so kuschelig und sicher.

Erlaube einfach allen deinen Gedanken, sanft zur Ruhe zu kommen, während du die Stille und den Frieden genießt. Sprich zu dir selbst:

Ich bin ruhig.

Ich bin ruhig.

Ich bin ruhig.

Bleib so lange du magst und fühle dich friedvoll, friedvoll.

Fühle dich ruhig.

Fühle dich still.

Fühle dich gelassen.

Fühle dich sanft.

Und nun, wenn du so weit bist, wackele mit deinen Fingern und Zehen, streck dich ganz weit und dann öffne deine Augen.

Ich bin ganz bei mir selbst.

Ich bin ganz bei mir selbst.

*Schließe Deine Augen, werde ganz still und stell dir vor,
dass der höchste Berg der Erde vor dir aufragt.*

Wenn du diesen Berg besteigst, kannst du alle vier Ecker dieser Welt sehen. Beharrlich gehst du den Berg hinauf, Schritt für Schritt für Schritt. Er ist sehr steil und scheint die Wolken zu berühren. Steige weiter, bis du die Spitze erreicht hast. Hier ist es recht windig. Die Luft ist frisch. Und du fühlst dich von allem so fern, so fern.

Von der Spitze des Berges kannst du die ganze Welt überblicken. Es ist so still und friedvoll auf der Spitze deines Berges. Du hörst nur den Wind in deinen Ohren blasen. Fühle den kühlen Hauch auf deinem Gesicht. Nimm dir einen Augenblick, um die Frische der Luft zu genießen. Atme tief ein und fülle deine Lungen mit dieser kühlen, kühlen Bergluft. Spürst du, wie deine Nasenflügel vibrieren, wenn du einatmest? Es ist so herrlich, diese Frische einzuatmen.

Und nun sende in Gedanken ein wenig Frieden in die ganze Welt. Bleibe ganz ruhig und stell dir all die Menschen der ganzen Welt unter dir vor und sende ihnen Gedanken des Friedens. Sieh, da sind Tausende von Lichtstrahlen, erfüllt von Liebe und Frieden, die aus deinem Geist kommen und die ganze Welt berühren. Es ist für eine Sekunde, als ob jeder das Gefühl hätte, auf der Spitze deines Berges zu stehen und ein wunderbares Gefühl von Frieden zu erleben.

Du kannst diesen Berg besteigen, wann immer du ärgerlich bist oder ein bisschen Stille und Frieden brauchst. Niemand kann dich stören, wenn du so hoch oben in den Bergen bist. Bleib dort so lange, wie du magst und genieße den Frieden auf der Spitze deines Berges.

*Und nun, wenn du so weit bist, wackele mit deinen
Fingern und Zehen, streck dich ganz weit und dann
öffne deine Augen.*

Ich bin in Frieden.
Ich bin in Frieden.

Schließe Deine Augen, werde ganz still
und stell dir vor, dass vor dir
der wunderbarste aller Regenbogen scheint.

Seine Farben blinkern im Licht. Nie zuvor hast du einen so farbenprächtigen Regenbogen gesehen. Ihn nur anzuschauen, erfüllt dich mit Freude und Licht. Als du erkennst, wo der Regenbogen beginnt, beschließt du, ihn hinaufzusteigen. Der Regenbogen besteht aus Tausenden kleiner Lichter in verschiedenen Farben. Mit jedem Schritt, den du machst, jedes Mal, wenn dein Fuß das Licht des Regenbogens berührt, wird dein Körper von Energie erfüllt.

Während du hinaufkletterst, bist du voll freudiger Erwartung. Wo führt dieser glitzernde Regenbogen nur hin? Schließlich erreichst du die Spitze und die Aussicht ist einfach atemberaubend.

Nach einer Weile beschließt du, auf der anderen Seite hinabzurutschen. Was für ein Spaß! Das ist die allerlängste Rutsche der Welt. Schließlich kommst du unten an. Und, hat dich der Regenbogen in eine Regenbogenwelt gebracht? Ist da tatsächlich ein Kessel voller Gold am Ende des Regenbogens? Genieße einen Augenblick die Welt am Ende des Regenbogens, das Land des Glücks. Und wenn du das ganze Glück in dich aufgenommen hast, trägt dich der Regenbogen wieder zurück.

Und nun, wenn du so weit bist, wackele mit deinen Fingern und Zehen, streck dich ganz weit und dann öffne deine Augen.

Ich hole das Glück in mein Leben.
Ich hole das Glück in mein Leben.

Schließe Deine Augen, werde ganz still und stell dir vor, dass vor dir eine Tür sei.

Schau genauer hin. Welche Farbe hat die Tür? Du fragst dich, was hinter der Tür verborgen ist. Wohin führt sie? Auf der Tür steht »Willkommen«. Du drückst auf die Klinke und trittst ein.

Du findest dich in einem Raum wieder, der vom wunderschönsten rot-goldenen Licht erfüllt ist. All die Gedanken in deinem Kopf kommen zur Ruhe. Es ist, als fülle sich dein ganzer Kopf mit diesem rot-goldenen Licht, wodurch du dich sanft und friedvoll fühlst. Bleib ganz ruhig und spüre das Strahlen dieses wunderbaren Lichts in deinem Kopf.

Und nun fühle das Licht in deinen Armen. Kannst du das rot-goldene Licht auch in deiner Brust und in deinem Bauch fühlen? Kannst du das rot-goldene Licht in deinen Beinen fühlen? Dein ganzer Körper fühlt sich an, als sei er aus rot-goldenem Licht gemacht, und du fühlst dich wunderbar. In diesem Augenblick möchtest du nirgendwo sonst sein, weil es so wunderschön ist, in diesem Raum aus Licht zu sein. Du bist umgeben von vollkommen reinem Licht. Das Licht wirbelt um deinen Körper herum und du fühlst dich mittendrin so sicher und beschützt.

Bleibe in diesem herrlichen Raum aus Licht so lange du magst, und bade deinen Körper im rot-goldenem Licht.

Und nun, wenn du so weit bist, wackele mit deinen Fingern und Zehen, streck dich ganz weit und dann öffne deine Augen.

Ich bin reines Licht.
Ich bin reines Licht.

Schließe Deine Augen und werde ganz still.

Als erstes balle deine Fäuste so fest, wie du nur kannst. Schau, ob du jede Faust zu einen winzigen Ball machen kannst. Wie winzig kannst du deine Fäuste machen?

Und jetzt, ganz, ganz langsam öffne deine Fäuste wieder und entspanne die Hände. Lass sie sinken und schwer werden, ganz, ganz schwer.

Nun drücke deine Arme ganz fest gegen den Körper. Drücke. – Drücke. – Drücke. – Und dann entspanne und lass sie ganz schwer werden.

Und nun ziehe deine Schultern bis zu den Ohren hoch. Ziehe. – Ziehe. – Ziehe. – Und dann lass sie wieder sinken und sich entspannen.

Presse dein Gesicht zusammen zu einem kleinen Knoten. Presse. – Und presse. – Und presse. – Presse deine Augen ganz fest zu. Rümpf die Nase. Zieh deinen Mund zusammen. Presse deinen Wangen gegen die Zähne. Und jetzt – lass alles los und entspanne, entspanne, entspanne.

Zieh deinen Bauch und Po so fest ein, wie du nur kannst. Drücke, drücke, drücke und dann – lass los und entspanne wieder.

Jetzt drück deine Beine zusammen, so fest du kannst. Drücke, drücke, drücke und dann – entspanne sie wieder.

Krall deine Zehen so fest zusammen, wie du kannst. Drücke und drücke und drücke und dann – lass los und entspanne und entspanne.

Jetzt fühle deinen Körper, wie entspannt er ist. Bleib einfach einen Moment ruhig und genieße dieses Gefühl tiefer Entspannung. Atme tief ein und wiederhole dabei in Gedanken:

Ich bin entspannt. Ich bin entspannt. Ich bin entspannt.

Atme langsam aus und sprich dabei zu dir selbst:

Ich bin entspannt. Ich bin entspannt. Ich bin entspannt.

*Und nun, wenn du so weit bist,
wackele mit deinen Fingern und Zehen,
streck dich ganz weit und dann
öffne deine Augen.*

*Ich bin entspannt.
Ich bin entspannt.*

SCHWEBEN

Schließe Deine Augen, werde ganz still und stell dir vor,
wie dein ganzer Körper leicht wie eine Feder wird.

Wackele mit deinen Zehen und stell dir vor, dass sie ganz leicht werden und in der Luft schweben. Lass sie nach oben treiben. Und nun schau, ob du fühlen kannst, wie sich deine Beine in Federn verwandeln. Deine Beine fühlen sich jetzt so leicht an. Fühlst du, wie sie anfangen, nach oben zu schweben? Sie sind nicht mehr schwer, sondern weich und leicht.

Nun fühle, wie dein Bauch weich und leicht wird. Lass deinen Bauch weich und entspannt sein. Fühle, wie deine Brust weich und leicht wird wie eine Feder. Genieße dieses Gefühl, wie dein Körper langsam leichter und leichter wird. Fühle deine Arme leicht werden. Lass deine Finger sanft entspannen und nach oben schweben. Fühle, wie sie in der Luft schweben. Und nun lass deinen Kopf leicht werden. Fühle, wie alle Anspannung dahinschmilzt, wenn dein Kopf weich und leicht wird. Nun ist dein ganzer Körper so leicht wie ein Haufen Federn. Du fühlst dich weich und entspannt. Erlaube deinem Körper langsam nach oben zu schweben und schau, wie leicht du sein kannst. Je leichter du bist, desto höher kannst du schweben. Sprich zu dir selbst:

Ich bin so leicht wie eine Feder.
Ich bin leicht. Ich bin leicht.

Und schau, wie hoch du schweben kannst. Bleib oben in der Luft und genieße dieses herrliche Gefühl von Leichtigkeit, bis du soweit bist, wieder nach unten zu sinken.

Und nun, wenn du so weit bist,
wackele mit deinen Fingern und Zehen,
streck dich ganz weit und dann
öffne deine Augen.

Ich bin weich.
Ich bin weich.

Schließe Deine Augen, werde ganz still und stell dir vor,
du seiest ein Leuchtturm.

ein Kopf ist erfüllt von einem angenehm weißen Licht. Schau, ob du jeden Winkel deines Kopfes mit weißem Licht füllen kannst. Es fühlt sich kühl und frisch an. Fühle das Licht hinter deinen Augen. Fühle das Licht auf deiner Stirn. Fühle das Licht in deinem Gehirn. Fülle deinen Geist mit Licht. Dieses Licht fühlt sich so kühl und frisch an.

Langsam breitet sich das Licht zu deinem Nacken und deinen Schultern aus und bis in deine Brust. Nimm einen tiefen Atemzug und atme das funkelnde weiße Licht ein, und nun – atme dieses Licht aus. Atme Licht ein und – atme Licht aus.

Wenn du einatmest, stell dir vor, wie sich deine Lungen mit weichem weißem Licht füllen. Allmählich breitet sich das Licht in deine Arme und Beine aus, bis schließlich dein ganzer Körper von reinem Licht erfüllt ist. Wenn dich jemand anschauen würde, würde er nur Licht sehen.

Atme weiter Licht in deine Lungen und atme Licht aus. Atme Licht ein und – atme Licht aus. Atme Licht ein und – atme Licht aus.

Jetzt bestehst du ganz aus Licht. Schau, wie weit du das Licht ausstrahlen kannst. Schicke Lichtstrahlen in jede Ecke des Raumes. Sende sie nach vorne, sende sie nach hinten, sende sie zu den Seiten und nach oben und nach unten. Strahle in alle Richtungen starke Lichtstrahlen aus wie ein Leuchtturm. Wie weit reichen deine Lichtstrahlen? Sei ein Leuchtturm, so lange du magst.

Atme Licht ein und – atme Licht aus.

Atme Licht ein und – atme Licht aus.

Und nun, wenn du so weit bist, wackele mit deinen Fingern und
Zehen, streck dich ganz weit und dann
öffne deine Augen.

Ich strahle Licht aus.
Ich strahle Licht aus.

Schließe Deine Augen, werde ganz still und stell dir vor, du hättest in der Mitte deiner Stirn, hinter deinen Augen einen Stern.

Es ist dein besonderer Friedensstern und jedes Mal, wenn du an ihn denkst, fühlst du dich sofort friedvoll und ruhig. Kannst du ihn sehen? Welche Farbe hat dein strahlender Friedensstern? Nun, genau wie dein Herz einen sanften Rhythmus hat, so auch dein Friedensstern. Betrachte einen Augenblick, wie dein Friedensstern sanft pulsiert. Sei so ruhig, wie du nur kannst, und stell dir einen winzigen Stern des Friedens vor, der in deinem Kopf leuchtet.

Atme Frieden ein und –
atme Frieden aus.
Atme Frieden ein und –
atme Frieden aus.

Kannst du deinen Stern jetzt strahlen sehen? Je mehr du dich auf deinen Friedensstern sammelst, desto friedvoller und ruhiger wirst du und dein ganzer Körper entspannt sich. Sprich in Gedanken:

Ich bin ruhig. Ich bin friedvoll. Ich bin entspannt. Ich bin ruhig. Ich bin friedvoll. Ich bin entspannt.

Wusstest du, dass dein Friedensstern Zauberkraft besitzt? Er kann dich nicht nur friedvoll machen, er kann auch Friedensbotschaften an andere senden und sogar an die ganze Welt. Also, zuerst werde selbst ganz friedvoll. Genieße den Frieden, den du in dir erzeugt hast. Und nun denke an jemanden, dem du gern Frieden senden möchtest. Sammele dich und sende der Person glitzernde Gedanken von Frieden.

Atme Frieden ein und –
atme Frieden aus.
Atme Frieden ein und –
atme Frieden aus.

Kannst du wahrnehmen, wie die Person friedvoll wird? Sende wunderbar besänftigende Gedanken von Frieden in alle Welt, so lange du magst.

Und nun, wenn du so weit bist,
wackele mit deinen Fingern und Zehen,
streck dich ganz weit und dann
öffne deine Augen.

Ich schweige.
Ich schweige.

Schließe Deine Augen und werde ganz still.

Jetzt wirst du eine Übung machen, bei der du deine Muskeln wirklich streckst und dann entspannst. Beginne mit deinem Gesicht. Kannst du deine Augen ganz weit öffnen? Und nun deine Nase und deinen Mund.

Kannst du deine Ohren ganz weit öffnen? Dehne dein ganzes Gesicht so weit du nur kannst. Dehne es und dehne es und jetzt – entspanne, entspanne, entspanne. Jetzt strecke deinen Nacken so weit du kannst. Strecke, strecke, strecke und – entspanne, entspanne, entspanne. Und jetzt strecke deinen Rücken. Fühle, wie sich deine ganze Wirbelsäule dehnt. Strecke, strecke, strecke und – entspanne, entspanne, entspanne. Fühle, wie sich deine Brust und dein Bauch ausdehnen. Strecke, strecke, strecke und – entspanne, entspanne, entspanne. Dehne deine Arme weit weg von deinem Körper. Fühle, wie die Muskeln in deinen Armen länger werden, während du dich streckst. Strecke, strecke, strecke – und entspanne, entspanne, entspanne. Strecke deine Finger. Wie lang kannst du sie machen? Strecke, strecke, strecke und – entspanne, entspanne, entspanne. Jetzt strecke deine Beine. Strecke, strecke, strecke und – entspanne, entspanne, entspanne. Und schließlich deinen Füße. Strecke deine Zehen, so weit du kannst. Strecke, strecke, strecke und – entspanne, entspanne, entspanne.

Fühlst du, wie dein ganzer Körper entspannt ist? Bleib eine Weile in diesem entspannten Zustand.

Und nun, wenn du so weit bist, wackele mit deinen Fingern und Zehen, streck dich ganz weit und dann öffne deine Augen.

Mein Körper ist frei und entspannt.
Mein Körper ist frei und entspannt.

Schließe Deine Augen, werde ganz still und sprich in Gedanken:
Ich bin friedvoll. Ich bin friedvoll. Ich bin friedvoll.

Nun stell dir vor, dass in deinem Kopf eine winzige Batterie ist. Diese Batterie gibt dir all die Kraft und Energie, die du brauchst. Manchmal ist die Batterie fast leer und du fühlst dich ein wenig erschöpft. Wenn das geschieht, musst du deine Batterie wieder aufladen, damit du dich wieder frisch und energievoll fühlst.

Es gibt einen ganz besonderen Ort, weit, weit entfernt hinter der Sonne und dem Mond: Es ist eine wundervolle Welt aus Licht, zu der du reisen kannst, wann immer du willst, um dich wieder aufzuladen und mit Kraft und Energie aufzufüllen. Es ist ein besonderer Ort zum Aufladen. Es ist ein sehr sicherer Ort und es ist ganz leicht, dorthin zu reisen. Schau, ob du in Gedanken an diesen besonderen Ort reisen kannst. Es braucht nur

einen Gedanken: Denke, wohin du möchtest, und gehe in Gedanken dorthin. Stell dir vor, du fliegst hinauf, über die Sonne hinaus und den Mond und die Sterne zu einer Welt aus strahlendem Licht. Sei ganz still in dieser Welt aus Licht und fühle, wie du dich mit Energie auflädst, mit Kraft und Stärke. Du fühlst, wie deine ganze Energie zurückkommt. Sprich zu dir selbst:

Ich bin Licht.
Ich bin Licht.
Ich bin Licht.

Je mehr du lichte Gedanken denkst, desto stärker fühlst du dich innerlich. Bleib so lange du willst und genieße dieses Licht.

Und nun, wenn du so weit bist,
wackele mit deinen Fingern und Zehen,
streck dich ganz weit und dann
öffne deine Augen.

Ich bin stark.
Ich bin stark.

*Schließe Deine Augen, werde ganz still und stell dir vor,
wie du am Strand liegst.*

Fühle den warmen Sand unter dir. Du kannst die Brandung der See hören. Nun wirst du jeden Teil deines Körpers ganz sanft entspannen. Fang mit deinen Füßen an. Lass deine Zehen vollkommen entspannt und weich werden. Lass dieses Gefühl sich behutsam durch den ganzen Fuß ausbreiten. Jetzt spann deine Beine an und dann lass sie sanft los. Fühle, wie sich alle Spannungen in deinen Beinen lösen. Spann die Muskeln in deinem Bauch an und dann lass sie vollkommen los. Dehne deinen Rücken so weit du kannst und entspanne. Fühlst du, wie dein Rücken entspannt in den Sand sinkt?

Jetzt lass deine Schultern und deinen Nacken weich werden. Alle Spannungen schmelzen dahin. Spann deine Arme so fest an, wie du nur kannst und dann lass los. Erlaube deinen Armen, ganz schwer zu werden und in den weichen Sand zu sinken. Press deine Finger zu einer festen Faust und dann öffne sie langsam wieder und bette sie auf den goldenen Sand. Zieh dein Gesicht zu einem kleinen Ball zusammen und lass es wieder los und entspanne.

Entspanne deinen ganzen Kopf: Entspanne deine Augen, deine Ohren, deine Wangen, deine Stirn. Werde ganz ruhig und entspannt. Fühle die warme Sonne auf deinem Gesicht und deinem Körper, während du noch tiefer in den puderigen Sand sinkst. Bleib noch ein paar Augenblicke dort und genieße das Gefühl, völlig entspannt zu sein.

Und nun, wenn du so weit bist, wackele mit deinen Fingern und Zehen, streck dich ganz weit und dann öffne deine Augen.

Ich bin voller Frieden.
Ich bin voller Frieden.

Schließe Deine Augen, werde ganz still und stell dir vor,
ein kleiner Stern zu sein.

Und nun stell dir einen anderen Stern am dunklen blauen Himmel vor, der riesig ist. Dieser Stern leuchtet sehr hell. Es ist der strahlendste Stern am ganzen Himmel. Langsam, langsam schwebst du hinauf, dem großen Stern entgegen. Es fühlt sich an, als würdest du emporgehoben. Du fühlst dich leicht und frei. Du steigst auf und steigst auf, weiter und weiter in den Himmel hinauf, bis du schließlich direkt neben diesem großen, strahlenden Stern bist.

Dieser Stern blinkt am blauschwarzen Himmel. Er ist voller Licht und sieht so brillant aus. Du fühlst dich in seiner Nähe sehr wohl. Allein die leuchtenden Strahlen nur anzuschauen, die dieser Stern aussendet, macht dich schon glücklich.

Kannst du auch so hell wie dieser große Stern scheinen? Versuch es doch einfach mal. Sei ganz still und denke einfach an Licht, und schon kannst du strahlen, wie der größte Stern am Himmel. Sprich zu dir selbst: *Ich bin ein strahlender Stern. Ich bin ein strahlender Stern. Ich bin ein strahlender Stern.* Leuchte so lange, bis du wieder auf die Erde zurückschweben möchtest.

Und nun, wenn du so weit bist, wackele mit deinen Fingern und
Zehen, streck dich ganz weit und dann
öffne deine Augen.

Ich bin ein Stern.
Ich bin ein Stern.

Schließe Deine Augen, werde ganz still und stell dir vor,
unter einer Lichtdusche zu stehen.

Tausende kleiner Lichttröpfchen regnen auf dich herab. Zuerst berühren sie die Spitze deines Kopfes und sofort fühlt sich dein Kopf ruhig und entspannt an. Dann rinnen sie über dein Gesicht und dein ganzes Gesicht fühlt sich weich und ruhig an. Dein Gesicht ist entspannt.

Die Lichtdusche geht weiter und berührt deine Schultern und Arme. Dadurch werden sie weich und entspannt. Und jetzt strömt der Lichtregen über deinen ganzen Körper und deine Beine hinab bis zu den Füßen. Es ist sehr angenehm, wie sich deine Beine und Füße entspannen und ganz weich werden. Deine Beine sind entspannt. Deine Füße sind entspannt.

Nun ist dein ganzer Körper von diesen wunderbaren Lichttröpfchen bedeckt, die wie kleine Sterne glitzern. Diese Dusche macht dich so ruhig und friedvoll und so licht.

Dein Körper ist entspannt

entspannt

entspannt

entspannt

Und nun, wenn du so weit bist, wackele mit deinen Fingern und
Zehen, streck dich ganz weit und dann öffne deine Augen.

Ich bin friedvoll.
Ich bin friedvoll.

DER KLEIDERSCHRANK

Schließe Deine Augen, werde ganz still und stell dir vor,
du stehst in einem Zimmer.

as Zimmer ist vollkommen leer bis auf einen gewaltigen Kleiderschrank. Es ist ein verzauberter Kleiderschrank. In dem Kleiderschrank sind ganz viele verschiedene Kostüme. Such dir eine Verkleidung aus, die dir gefällt. Ein König oder eine Prinzessin. Eine Fee oder ein Drache. Ein Zauberer oder ein Superheld. Eine Ärztin oder ein Raumfahrer. Du hast die Wahl.

Du legst das Kostüm an und betrittst den gewaltigen Schrank. Du bemerkst ein Schild, auf dem steht: Hier entlang. Du folgst dem Schild und entdeckst eine zweite Tür im Inneren des Kleiderschranks. Geh durch diese Tür und du gelangst in eine Zauberwelt. Bist du bereit für ein Abenteuer?

Du findest dich in einem unglaublich phantastischen Land wieder. Es ist wie im Traum. Jetzt ist die Zeit für dich gekommen, in diesem Wunderland ein Abenteuer zu erleben. Lass deinen Gedanken freien Lauf und stell dir ein aufregendes, zauberhaftes Abenteuer vor, das du erlebst.

Und wenn du fertig bist, gehst du durch die Zaubertür zurück, durchquerst den Kleiderschrank, trittst hinaus, ziehst das Kostüm aus und hängst es in den Kleiderschrank zurück. Und dann schließe die Tür – bis du einmal wieder Lust hast, zurückzukommen und ein weiteres wunderbares Abenteuer zu erleben.

Und nun, wenn du so weit bist, wackele mit
deinen Fingern und Zehen, streck dich ganz weit
und dann öffne deine Augen.

Ich darf träumen.
Ich darf träumen.

SCHMETTERLINGE

Schließe Deine Augen, werde ganz still und stell dir vor,
wie du auf einer bunten Wiese sitzt.

ie Sonne scheint und lässt die Farben der Blumen und Gräser leuchten. Du bist von weißen Gänseblümchen umgeben, von gelben Sonnenblumen, blauen Kornblumen und rotem Klatschmohn. Es weht ein sanfter Wind und die Blumen wiegen sich leicht, als würden sie tanzen.

Wie du so die Blumen anschaust, bemerkst du einen unglaublichen Schmetterling. Er ist größer als jeder Schmetterling, den du je gesehen hast. Es muss der König der Schmetterlinge sein. Seine Flügel sind von Regenbogenfarben überzogen. Du kannst auf seinen zarten Flügeln alle Farben erkennen, die es gibt.

Auf einmal flüstert er dir zu: »Komm mit mir.« Also los! Der Schmetterling ist so schnell, dass du rennen musst, um mitzuhalten. Du genießt das Gefühl von Freiheit, während du über die Wiese läufst. Du könntest den ganzen Tag so laufen und würdest nie müde.

Der Schmetterling führt dich an einen Ort mit verschiedenen Regenbogen-Schmetterlingen. Du bist umgeben von Schönheit und Farbigkeit. Es macht dir großen Spaß, mit diesen zarten Wesen zu spielen. Du bist voller Glück und Freude bei diesem Spiel mit deinen neuen Freunden.

Wann immer du magst, steh ganz still, sei friedvoll und lass die Schmetterlinge um dich herum tanzen. Wenn du besonders ruhig bist, dann kannst du hören, wie ihre zarten Flügel die Luft fächeln. Bleib bei den Schmetterlingen, so lange du magst.

Und nun, wenn du so weit bist,
wackele mit deinen Fingern und Zehen,
streck dich ganz weit und dann
öffne deine Augen.

Ich bin frei.
Ich bin frei.

DER ENGEL

Schließe Deine Augen, werde ganz still und stell dir vor, dass dich ein wunderschöner Engel mit blütenweißen Federn besuchen kommt.

Wusstest du, dass jeder einen eigenen, persönlichen Engel hat, der ihn leitet und beschützt? Das ist dein Schutzengel, der sich um dich kümmert und dich von ganzem Herzen liebt. Du fühlst dich in der Nähe deines Engels sehr sicher. Der Engel braucht nicht zu sprechen, weil er deine Gedanken hören kann. Schau dem Engel tief in die Augen und sprich mit ihm in Gedanken. Vielleicht gibt es ein bestimmtes Problem, von dem du deinem Schutzengel erzählen möchtest. Vielleicht bist du wegen irgendetwas verwirrt oder ärgerlich und niemand scheint dir zuzuhören. Dein Schutzengel versteht dich gut, also erzähle ihm alles.

Wenn du erzählt hast, was dich beschäftigt, werde ganz ruhig und sieh, wie der Engel lächelt und seine Flügel um dich legt. Du bist eingehüllt in die federweichen Engelsflügel. Diese Umarmung durch deinen wunderbaren Schutzengel vertreibt deine Sorgen und du fühlst dich wieder besser. Es ist, als ob dein Schutzengel die Sorgen fortnimmt und dir dafür das angenehmste Gefühl gibt. Du fühlst dich sehr ruhig, gelassen und zufrieden. Am liebsten würdest du für immer in diesen Engelsflügeln bleiben. Fühle, wie dein ganzer Körper und dein Geist entspannen, während der Engel dich zart umarmt. Fühle deine Beine entspannen. Fühle deine Brust und deinen Rücken entspannen. Fühle deine Arme entspannen. Fühle deinen Kopf entspannen. Du fühlst dich so geliebt und beschützt von deinem Schutzengel.

Und nun, wenn du so weit bist, wackele mit deinen Fingern und Zehen, streck dich ganz weit und dann öffne deine Augen.

Ich werde geliebt und beschützt.
Ich werde geliebt und beschützt.

SINKEN

Schließe Deine Augen und werde ganz still.

u bist ganz ruhig und still und entspannt. Nun stell dir vor, dein Körper ist so entspannt, dass du das Gefühl hast, ganz langsam in den Boden zu sinken. Das Bett oder der Sitz, auf dem du bist, fühlt sich ganz warm, bequem und sicher an. Nun lass deine Füße ganz schwer und entspannt werden und spüre, wie sie langsam nach unten sinken. Sie sinken und sinken und sinken, während sie schwerer und schwerer werden. Jetzt lass deine Beine schwer werden und nach unten sinken. Sie werden schwerer und schwerer. Und nun lass deinen Rücken sanft nach unten sinken – tiefer und tiefer. Entspanne – entspannte – entspanne.

Deine Arme fühlen sich schwer an und sinken. Entspanne – entspannte.

Dein Kopf ist schwer und entspannt sich. Fühle, wie deine Augen schwer werden und sinken. Fühle, wie deine Lippen schwer werden und sinken. Fühle, wie dein Kiefer schwer wird und sinkt. Fühle, wie deine Wangen schwer werden und sinken. Fühle, wie deine Stirn schwer wird und sinkt.

Bleib in dieser wunderbaren tiefen Entspannung so lange du magst. Alle Muskeln in deinem ganzen Körper sind vollkommen entspannt, während du dieses Gefühl genießt, zu sinken und zu sinken. Sprich in Gedanken: *Ich lasse los. Ich lasse los. Ich lasse los.* Nimm einen tiefen Atemzug ein und – während du langsam ausatmest, spüre wie du dich mehr und mehr entspannst. Atme ein und – atme aus. Entspanne. Atme ein und – atme aus. Entspanne.

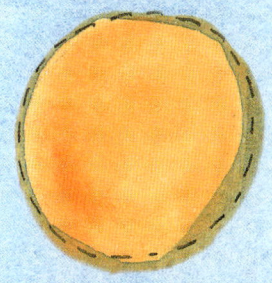

Und nun, wenn du so weit bist, wackele mit deinen Fingern und Zehen, streck dich ganz weit und dann öffne deine Augen.

Ich bin entspannt.
Ich bin entspannt.

DER ROBOTER

Schließe Deine Augen, werde ganz still und stell dir vor,
du seiest ein Roboter.

ein ganzer Körper besteht aus Metall. Dein Körper ist sehr steif und stark. Auf deinen Armen und Beinen und auf dem Bauch gibt es Lämpchen, die hell leuchten. Der Roboter macht auch alle möglichen sirrenden und klirrenden Geräusche. Nun willst du ausprobieren, ob du den Roboter ausschalten kannst, damit jeder Teil deines Körpers ganz still wird.

Fang mit deinem rechten Bein an: Richte deine ganze Aufmerksamkeit auf dein rechtes Bein. Siehst du die Lampe, die auf deinem rechten Bein blitzt? Schalte sie mit deiner Gedankenkraft aus. Dein rechtes Bein wird vollkommen ruhig und schläft ein. Und nun schalte die Lampe an deinem linken Bein aus und fühle, wie dein linkes Bein vollkommen ruhig wird und einschläft.

Kannst du die Lampe auf deinem Bauch blitzen sehen? Schalte das Licht aus und mach es sehr, sehr ruhig innendrin. Nun richte deine ganze Aufmerksamkeit auf das blitzende Licht auf deiner Brust. Schalte es mit deiner Gedankenkraft aus und erlaube deiner Brust einzuschlafen.

Und nun die Arme. Schalte das Licht auf deinem rechten Arm aus, lass den rechten Arm still werden und einschlafen. Schalte das Licht auf deinem linken Arm aus, lass den linken Arm still werden und einschlafen.

Und zu guter Letzt knips den Schalter auf deiner Stirn aus und lass sie einschlafen. Schalte deinen Mund aus. Schalte deine Nase aus. Schalte deine Augen aus. Fühle, wie deine Augenlider entspannen und schwerer und schwerer werden, während sie einschlafen. Nun schläft dein ganzer Körper. Schau, wie ruhig du deinen Roboter-Körper machen kannst.

Und vergiss nicht, wenn du irgendetwas bewegst, gehen die Lampen wieder an – also bleib so ruhig, wie du kannst und sprich in Gedanken:

Ich bin still.
Ich bin still.
Ich bin still.

Und nun, wenn du so weit bist, wackele mit deinen Fingern und
Zehen, streck dich ganz weit und dann öffne deine Augen.

Ich bin still.
Ich bin still.

DER ZAUBERBAUM

Schließe Deine Augen, werde ganz still und stell dir vor,
dass du vor dem mächtigsten Baum stehst,
den du je gesehen hast.

Es ist der Zauberbaum. Du entdeckst in seinem Stamm eine kleine Tür. Öffne sie und tritt hindurch und du gelangst in eine Märchenwelt. Dort im Inneren gibt es Hunderte von Gängen und Räumen. Schau dich um, ob du eine Tür entdeckst, auf der dein Name steht.

Wenn du sie gefunden hast, betritt den Raum. Das ist dein besonderer Raum. Siehst du den großen Sessel in der Ecke. Geh zu dem Sessel und setzt dich ganz still und friedvoll hinein. Gleich neben dem Sessel steht ein Tischchen und darauf ist ein silbernes Kästchen. Das ist deine Kraftkiste. In diesem Kästchen ist alles, was du brauchst, um mit jeder schwierigen Situation fertig zu werden. Öffne das Kästchen. Es sind viele bunte Kärtchen darin und auf jede steht ein anderes Wort geschrieben.

Kannst du die Wörter sehen?

Liebe   Friede
Vergebung
Glück   Kraft

Zieh eine Karte und lies, was draufsteht. Welche Karte hast du heute gezogen? Denk darüber nach, was das Wort auf der Karte bedeutet. Je ruhiger du bist, desto besser kannst du verstehen, was die Karte bedeutet. Und wenn du so weit bist, dann tue die Karte zurück in das Kästchen, steh aus dem Sessel auf, verlass den Raum, schließe die Tür und tritt aus dem Zauberbaum wieder hinaus.

Immer wenn du dich ärgerst, ängstlich bist oder unglücklich, geh einfach in dein geheimes Zimmer im Zauberbaum und zieh eine Karte. Dann wirst du dich gleich wieder besser fühlen.

Und nun, wenn du so weit bist, wackele mit deinen Fingern und
Zehen, streck dich ganz weit und dann
öffne deine Augen.

Alles, was ich brauche, ist innen.
Alles, was ich brauche, ist innen.

Schließe Deine Augen, werde ganz still und denke an jemanden, von dem du weißt, dass er Aufmunterung braucht.

u kannst dieser Person alle deine guten Gedanken und besten Wünsche senden, um ihr zu helfen, sich wieder besser zu fühlen. Warum schickst du ihr nicht einen Brief mit der Gedankenpost! Schreib in Gedanken einen Brief an diese Person, in dem du all die guten Gedanken an sie aufzählst, wie etwa:

Du bist etwas Besonderes...
Du bist wunderbar...
Du bist wertvoll...
Du bist phantastisch...

Während du das in Gedanken schreibst, entfalte diese guten Gedanken und angenehmen Gefühle für den Empfänger wirklich in dir.

Wenn du mit Schreiben fertig bist, steck den Brief in einen Umschlag und schick ihn mit der Gedankenpost los. Das geht ganz einfach. Du musst ihn nur von deinem Geist zum Geist der Person schicken. Sei ganz still und stell dir vor, wie der Brief schneller als das Licht durch die Luft fliegt. Ist er schon angekommen? Wenn die Person den Brief empfangen hat, wird sie sich so viel besser fühlen. Kannst du sie lächeln sehen?

Und nun, wenn du so weit bist, wackele mit deinen Fingern und Zehen, streck dich ganz weit und dann öffne deine Augen.

Meine Gedanken haben Kraft.
Meine Gedanken haben Kraft.

*Schließe Deine Augen, werde ganz still und stell dir vor,
dass du in einem Flugzeug sitzt.*

ies ist kein gewöhnliches Flugzeug, denn es hat überhaupt keine Schalter und Pedale. Welche Farbe hat dein Flugzeug? Wie sieht es aus? Wie groß ist es? Steig ein und setz dich. Es ist sehr bequem in der Kabine, als ob die Sitze aus Federn gemacht wären. Sitz ganz still, versuche, keinen Muskel zu bewegen, und sinke in den weichen, samtenen Sitz.

Dies ist ein Zauberflugzeug und man setzt es in Betrieb, indem man seine Gedanken benutzt. Du musst dir nur vorstellen, wohin du fliegen willst, und die Maschine folgt deiner stillen Anweisung. Also entscheide zunächst, wohin du fliegen willst, und dann geht's los. Du hast alles völlig unter Kontrolle. Wenn das Flugzeug schneller fliegen soll, dann denk es einfach und schon huschst du mit Höchstgeschwindigkeit durch die Luft. Du kannst so schnell fliegen, wie du willst, weil das Flugzeug sehr sicher ist und nie irgendwo anstoßen wird.

Wenn du den Ausblick genießen willst, dann lass das Flugzeug langsam fliegen, und du kannst die wunderschöne Landschaft unter dir anschauen. Vielleicht bist du auch abenteuerlustig und möchtest einen Purzelbaum mit dem Flugzeug machen. Denk es einfach und schon fliegt das Flugzeug eine phantastische Rolle rückwärts.

Fliege so lange du magst, erkunde neue, spannende Länder und wenn du so weit bist, lass das Flugzeug wieder landen. Steig aus und setz deine Füße wieder fest auf den Boden.

*Und nun, wenn du so weit bist,
wackele mit deinen Fingern und Zehen,
streck dich ganz weit und dann
öffne deine Augen.*

Meine Gedanken können fliegen.
Meine Gedanken können fliegen.

*Schließe Deine Augen, werde ganz still und stell dir vor,
du stehst vor einer riesigen bunten Kiste.*

Es ist eine lustige Wunderkiste. Steck deine Hand in die Kiste und ertaste in ihrem verborgenen Inneren ganz viele Geschenke in verschiedenen Formen und Größen. Wenn du all die verschiedenen Geschenke ertastest, kannst du sie rascheln hören. Probiere, wie weit du in die Kiste hineinlangen kannst und wenn du magst, wähle dir eines von den eingewickelten Geschenken aus.

Wenn du dein Wunderkistengeschenk ausgewählt hast, hol es heraus und schau dir das glitzernde Geschenkpapier an. Ganz deutlich ist Dein Name darauf geschrieben. Wie aufregend! Es ist wundervoll, Geschenke zu bekommen. Vorsichtig wickelst du das Geschenk aus.

Was hast du bekommen?

Du freust dich sehr über dein Geschenk: Es ist genau das, was du dir schon immer gewünscht hast. Du fängst sofort an, damit zu spielen.

Immer wenn du eine Aufmunterung brauchst, kannst du zu dieser lustigen Wunderkiste zurückkommen und dir ein neues Geschenk aussuchen.

*Und nun, wenn du so weit bist,
wackele mit deinen Fingern und Zehen,
streck dich ganz weit und dann
öffne deine Augen.*

Ich habe alles, was ich brauche.
Ich habe alles, was ich brauche.

*Schließe Deine Augen, werde ganz still und stell dir vor,
du seiest ein Zauberer oder eine Prinzessin
und reitest auf einem Einhorn.*

Vollkommen silbern ist das Einhorn und hat ein großes, glitzerndes Horn auf der Mitte seiner Stirn. Sein silbernes Fell fühlt sich weich an. Du streichelst seine Mähne und fühlst dich sofort ruhig und friedvoll. Wie heißt das Einhorn?

Dies ist dein besonderes Einhorn. Es trägt dich über Felder und Berge, Wüsten und Meere zu wunderbaren Abenteuern. Wohin möchtest du heute reiten?

Du musst es dem Einhorn nur ins Ohr flüstern und schon geht es los. Halt dich gut fest und fühle den Wind auf deinem Gesicht und durch dein Haar wehen, wenn das Einhorn losgaloppiert. Schau dir die Landschaft um dich herum an. Schau nach oben zu den Wolken am Himmel und spüre die warme Sonne auf deinem Gesicht. Es macht dich so glücklich, auf diesem wunderbaren Pferd durch die Landschaft zu reiten.

Wenn du ans Meer gelangst oder an irgendeine andere Stelle, wo du meinst, das Einhorn könne nicht weiter, dann musst du ihm nur ins Ohr flüstern, damit es die unglaublichsten Flügel ausbreitet und sich mit dir in die Lüfte erhebt. Jetzt kannst du über Länder und Meere dahinfliegen und genießen, so hoch oben zu sein und dich frei zu bewegen. Wie fühlt es sich an, so frei zu sein?

Fliege so lange du magst und wenn du fertig bist, sag dem Einhorn, dass es dich wieder zurückbringt.

*Und nun, wenn du so weit bist,
wackele mit deinen Fingern und Zehen,
streck dich ganz weit und dann
öffne deine Augen.*

Ich bin leicht und frei.
Ich bin leicht und frei.

DIE WOLKENLEITER

Schließe Deine Augen, werde ganz still und stell dir vor,
wie du im Freien auf der Erde liegst
und zu den Wolken hinaufschaust.

Beim Betrachten der Wolken fühlst du dich so ruhig und entspannt. Langsam gleiten sie dahin. Dabei verändern sie sich ständig unmerklich und bilden immer neue Figuren am blauen Himmel. Auf einmal bemerkst du eine Leiter, die aus Wolken gemacht ist und vom Himmel herabkommt, genau dorthin, wo du liegst.

Du stehst langsam auf und fängst an, die Leiter hinaufzuklettern. Als du die Leiter betrittst, fühlst du dich augenblicklich so leicht wie eine Wolke. Klettere ganz bis in den Himmel hinauf! Es ist sehr still im Himmel. Du kannst nicht einmal die Vögel singen hören, weil du so weit oben bist. Dies ist ein wunderbarer Platz für ein geheimes Versteck. Du kannst dir in den Wolken eine Höhle bauen, um hineinzukriechen und ganz still und ruhig zu sein. Es ist herrlich, von diesen flauschigen Wolken umgeben zu sein. Sie fühlen sich so weich an, fast, als ob sie gar nicht da wären.

Wenn du magst, kannst du dich hinlegen und es genießen, auf den weichen Wolken zu liegen. Bleibe hier in deiner geheimen Höhle und träume so lange deine zauberhaften Träume, wie du nur magst. Und wenn du fertig bist, klettere die Wolkenleiter hinab und komm wieder auf die Erde.

Und nun,
wenn du so weit bist,
wackele mit deinen Fingern und Zehen,
streck dich ganz weit und dann
öffne deine Augen.

Ich bin glücklich.
Ich bin glücklich.

Schließe Deine Augen, werde ganz still und stell dir vor,
wie du draußen im Sonnenschein liegst.

ie du so auf dem weichen Gras liegst, ist dein Körper vollkommen entspannt. Jede Faser deines Körpers saugt die Strahlen der Sonne auf und dein ganzer Körper wird warm und entspannt sich. Fühle die Wärme der Sonne auf deinen Beinen und lass sie sich vollkommen entspannen. Lass all die Muskeln in deinem Bauch sich entspannen, während du sanft in das weiche Gras einsinkst. Fühle die Strahlen der Sonne auf deinen Schultern und Armen, während sie tief in das elastische Gras sinken. Nun fühle die warme Sonne auf deinem Gesicht. Wenn die Sonne es berührt, entspannt sich dein ganzes Gesicht. Deine Stirn entspannt. Deine Wangen entspannen. Deine Augen entspannen. Dein Mund entspannt.

Atme sanft ein und – atme sanft aus. Deine Brust entspannt sich. Deine Lunge entspannt sich. Dein Herz entspannt sich. Du liegst in dem weichen, warmen Gras und nimmst einen tiefen Atemzug. Fülle deine Lungen mit dem wunderbar frischen Geruch von Erde und Gras.

Sei ganz still und horch, was für Geräusche du hören kannst. Kannst du die Bienen bei den Blüten sirren hören? Kannst du den sanften Schlag der Schmetterlingsflügen hören. Kannst du den Wind hören, wie er durch die Bäume streicht? Da zu liegen, erfüllt dich so sehr mit Frieden. Du genießt den Sonnenschein und lauscht dem stillen Konzert der Natur. Wiederhole in Gedanken:

Ich bin entspannt.   Ich bin entspannt.   Ich bin entspannt.

Und nun, wenn du so weit bist, wackele mit deinen Fingern
und Zehen, streck dich ganz weit und
dann öffne deine Augen.

Ich bin entspannt.
Ich bin entspannt.

STILLER RAUM

Schließe Deine Augen, werde ganz still und stell dir vor,
dass es innen drin in deinem Kopf
ein winzig kleines Zimmer gibt.

Privat, sehr privat ist dieses Zimmer, in das du jederzeit gehen kannst, wenn dir danach ist. Es ist dein eigener, ganz persönlicher stiller Raum. Du kannst dieses Zimmer einrichten, wie es dir gefällt. Streiche die Wände in deiner Lieblingsfarbe und hänge Bilder und Plakate auf. Vielleicht magst du es, ein sehr helles Zimmer zu haben, in das der Sonnenschein durch die Fenster hereinströmt. Oder du bevorzugst ein kuscheliges Zimmer, das sanft beleuchtet ist.

Was für Möbel gibt es in deinem Zimmer? Bestimmt gibt es einen sehr, sehr bequemen Sessel. Setz dich in diesen Sessel, entspanne dich auf dem weichen Polster und sei einfach nur ruhig. Genieße es ein paar Minuten, einfach nur still dazusitzen und dein privates Zimmer zu bewundern.

Nimm dir auch ein paar Minuten Zeit, um an all die wunderbaren Menschen in deinem Leben zu denken und all die herrlichen Sachen, die du hast. Wie glücklich du bist! Du kannst dir in Gedanken sagen:

Ich bin glücklich.
Ich bin glücklich.
Ich bin glücklich.

Du fühlst eine Welle von Glück in dir aufsteigen, wenn du all die guten Dinge in deinem Leben erkennst.

Und nun, wenn du so weit bist,
wackele mit deinen Fingern und Zehen,
streck dich ganz weit und dann
öffne deine Augen.

Ich bin ganz bei mir.
Ich bin ganz bei mir.

*Schließe Deine Augen, werde ganz still und stell dir vor,
dein Körper sei ein Stück Gummiband.*

Entspanne ganz einfach und genieße es, ein Gummiband zu sein. Erlaube deinen Beinen, lang und elastisch und entspannt zu sein. Lass deine Arme lang und elastisch und entspannt sein. Lass deinen Bauch elastisch und entspannt sein. Fühle, wie sich all die Muskeln in deinem Bauch entspannen. Lass deinen Nacken lang und elastisch und entspannt sein. Jetzt lass deinen Kopf elastisch und entspannt sein.

Langsam, ganz langsam stell dir vor, dass jemand sanft an deinem Kopf zieht und ein anderer gleichzeitig genauso sanft an deinen Füßen. Du bist ein langes Stück elastisches Gummiband und du wirst länger und länger, länger und länger. Strammer und strammer, strammer und strammer.

Und dann lassen die beiden, die an dir ziehen, gleichzeitig los. Wusch! Die Spannung ist fort und du wirst wieder ganz weich und elastisch. Eins, zwei, drei – wusch! Entspanne dich, und werde wieder ein weiches, elastisches Gummiband. Fühle, wie sich dein ganzer Körper entspannt. Geh in Gedanken deinen Körper durch und schau, ob er weich und elastisch ist. Sprich zu dir selbst:

Ich bin entspannt.
Ich bin entspannt.
Ich bin entspannt.

Genieße das Gefühl, ein elastisches und entspanntes Gummiband zu sein. Entspanne deine Füße. Entspanne deine Beine. Entspanne deine Hüften. Entspanne deinen Bauch. Entspanne deinen Rücken. Entspanne deine Brust. Entspanne deine Schultern. Entspanne deine Arme. Entspanne deine Finger. Entspanne deinen Kopf. Entspanne dein Gesicht. Bleibe in dieser Entspannung, so lange des dir gefällt.

*Und nun, wenn du so weit bist, wackele mit deinen Fingern und
Zehen, streck dich ganz weit und dann öffne deine Augen.*

Ich lasse alle Spannungen los.
Ich lasse alle Spannungen los.

KÜHLER TEICH

*Schließe Deine Augen, werde ganz still und stell dir vor,
dass du an einem strahlenden Sommertag im Garten bist.*

Heute ist es brütend heiß, weil die Sonne so sehr scheint. Sei ganz ruhig und genieße das Gefühl der Wärme auf deinem Körper. Genau vor dir liegt ein wunderbar blauer Teich. Geh und stipp deine Füße in den Teich. Merkst du, wie sie abkühlen und sich erfrischt anfühlen?

Nun mach einen Schritt in das Wasser und bleib da für einen Moment stehen. Spüre das wunderbar kühle Gefühl, das sich in deinen Füßen ausbreitet. Und nun steck deine Arme und deine Brust in das Wasser und genieße das Gefühl von Kühle und Entspannung in deinem ganzen Körper.

Du fühlst dich vollkommen entspannt. Deine Beine sind entspannt. Dein Bauch und deine Brust sind entspannt. Und deine Arme sind entspannt. Du kannst auch behutsam deinen Kopf für ein paar Sekunden ins Wasser stecken, wenn du magst, und das kühlende Wasser auf deinem Gesicht spüren.

Es ist so herrlich, an einem heißen Tag in diesem kühlen Teich zu sein. Dein ganzer Körper ist kühl und entspannt und vollkommen erfrischt. Du kannst auch ein wenig schwimmen oder im Wasser spielen.

Genieße es, in dem Teich zu planschen, und wenn du so weit bist, dann setz dich in die Sonne zum Trocknen. Fühle, wie die Strahlen der Sonne deinen Körper aufwärmen. Dein Kopf wird wieder warm und dein Nacken und deine Brust, dann deine Arme und Beine und schließlich deine Füße. Genieße die Wärme der Sonne so lange du magst.

*Und nun, wenn du so weit bist,
wackele mit deinen Fingern und Zehen,
streck dich ganz weit und dann
öffne deine Augen.*

Ich bin erfrischt.
Ich bin erfrischt.

Schließe Deine Augen und werde ganz still.

Vor dir steht ein Zauberer mit einen spitzen Hut und einem Samtumhang. Er hält einen Zauberstab. Der Zauberer kann dich mit seinem Zauberstab unsichtbar machen, aber du musst ganz still sein, damit der Zauber funktioniert. Lass deine Füße ganz entspannen und dann sieh zu, wie der Zauberer seinen Zauberstab sanft über deine Füße streift. Du kannst zusehen, wie sie langsam unsichtbar werden. Was ist es für ein Gefühl, wenn sich deine Beine in Luft auflösen?

Der Zauberer wedelt erneut mit seinem Zauberstab und deine Beine werden unsichtbar. Als nächstes bewegt er seinen Zauberstab behutsam über deine Brust und über deinen Rücken und dein ganzer Rumpf wird unsichtbar. Er schwingt seinen Zauberstab noch einmal, jetzt über deine Arme und Hände, und sie werden auch unsichtbar. Schließlich, mit einer letzten Bewegung seines Zauberstabs werden dein Nacken und dein Kopf unsichtbar. Jetzt kannst du still herumgehen, ohne gesehen zu werden. Niemand bemerkt, dass du da bist. Du fühlst dich sehr still und friedvoll, während du unsichtbar herumspazierst. Wie ist es, unsichtbar zu sein? Fühlst du dich anders? Fühlst du dich ruhig?

Genieße es, unsichtbar zu sein, so lange du magst. Dann schwingt der Zauberer seinen Zauberstab linksherum und du bist wieder sichtbar.

Und nun, wenn du so weit bist, wackele mit deinen Fingern und Zehen, streck dich ganz weit und dann öffne deine Augen.

Ich bin still.
Ich bin still.

*Schließe Deine Augen, werde ganz still und stell dir vor,
du hältst einen großen Luftballon.*

ie fühlt er sich an? Welche Farbe hat der Ballon? Dieser Luftballon ist so leicht, dass er in die Luft aufsteigt. Halt dich gut fest und lass dich sanft in die Höhe tragen. Du weißt, dass du sofort und sicher zur Erde zurückkehren kannst, wenn du das willst.

Der große Luftballon trägt dich höher und höher in die Lüfte. Nimm einen tiefen Atemzug ein und – dann atme langsam aus.

Atme noch einmal ganz tief ein und – atme langsam aus.

Mit jedem Atemzug schwebst du sanft höher in den warmen Sommerhimmel. Je tiefer du einatmest, desto weiter kannst du fliegen. Schau, wie weit du an deinem Luftballon durch die Luft schweben kannst.

Atme weiter tief und schwebe durch die Luft. Atme tief ein, zähle dabei bis vier, und atme langsam aus, während du bis sechs zählst.

Atme ein bis vier: eins – zwei – drei – vier. Und atme aus bis sechs: eins – zwei – drei – vier – fünf – sechs.

Atme ein bis vier: eins – zwei – drei – vier. Und atme aus bis sechs: eins – zwei – drei – vier – fünf – sechs.

Atme ein bis vier: eins – zwei – drei – vier. Und atme aus bis sechs: eins – zwei – drei – vier – fünf – sechs.

Jetzt bist du ganz oben im Himmel. Genieße diese Weite. Genieße das Gefühl, vollkommen frei zu sein. Dein Körper fühlt sich schwerelos an und dein Geist vollkommen frei. Deine Arme und Beine sind elastisch und entspannt.

Verweile hier und atme, so lange du magst. Und dann trägt dich dein Luftballon ganz behutsam wieder auf die Erde zurück.

*Und nun, wenn du so weit bist, wackele mit deinen Fingern und
Zehen, streck dich ganz weit und dann
öffne deine Augen.*

Ich bin so leicht.
Ich bin so leicht.

Schließe Deine Augen, werde ganz still und stell dir vor,
wie du in einem kleinen Boot einen Fluss dahintreibst.

Leg dich bequem in das Boot und lass dich vom sanften Wind und der leichten Strömung des Flusses tragen. Lass deinen ganzen Körper zur Ruhe kommen. Du kannst den sanften Sonnenschein auf deiner Haut spüren. Du kannst hören, wie die Vögel zwitschern und das Wasser plätschert. Du fühlst dich völlig zufrieden und gelassen. Du möchtest jetzt nirgendwo anders sein. Lieg einfach da und lass alle Muskeln in deinem Körper sich entspannen. Die leichten Bewegungen des Bootes auf den Wellen wiegen dich tiefer und tiefer in das Gefühl der Entspannung.

Entspanne deine Füße, während du dahintreibst. Entspanne deine Beine, während du dahintreibst. Entspanne deinen Bauch, während du dahintreibst. Entspanne deine Brust, während du dahintreibst. Entspanne deine Arme und Hände, während du dahintreibst. Entspanne deinen Kopf, während du dahintreibst.

Und jetzt atme sanft ein und – aus. Während du ein und aus atmest, sinkst du tiefer und tiefer in die Entspannung. Atme ein und – atme aus. Atme ein und – atme aus. Atme ein und – atme aus.

Genieße, wie sich das Boot leicht wiegt und die Sonne auf deinen Körper scheint. Du fühlst dich von oben bis unten warm und entspannt.

In diesem Moment gibt es nichts, das wichtiger wäre, als dieses Gefühl tiefer Entspannung zu genießen. Du bis so glücklich und entspannt, während du auf dem Fluss treibst.

Und nun, wenn du so weit bist, wackele mit deinen Fingern und
Zehen, streck dich ganz weit und dann
öffne deine Augen.

Ich bin entspannt.
Ich bin entspannt.

Schließe Deine Augen, werde ganz still und stell dir vor,
du bist dabei, ein Raumschiff zu besteigen.

iehe deinen Raumanzug an, besteig die Rakete und nimm in dem Sitz Platz. Mach die Sicherheitsgurte fest und bereite dich auf den schnellsten Flug deines Lebens vor. Du bist jetzt bereit, in den Weltraum hinauszusausen.

Zehn – neun – acht – sieben – sechs – fünf – vier – drei – zwei – eins – Zündung!

Und schon saust du in den Himmel empor. Es geht hoch, hoch, weit über die Wolken hinaus. Die Rakete ist so schnell, dass sie dich in wenigen Sekunden in das Weltall hinaus trägt. Es ist ein wunderbar freies Gefühl, die Erde hinter sich zu lassen und in die Weite des Alls zu fliegen. Um dich herum siehst du die Lichter fremder Planeten.

Wenn du den Mond erreichst, bremse deine Rakete ab und lande sie. Gleich wirst du auf dem Mond spazieren gehen. Löse den Sicherheitsgurt und öffne die Luke, um hinauszusteigen. Weil die Anziehungskraft auf dem Mond ganz gering ist, berühren deine Füße kaum den Boden. Du schwebst und springst auf und ab. Du fühlst dich ganz leicht und gewichtslos. Auf dem Mond herumzuhopsen, macht dich glücklich. Es macht solchen Spaß, schwerelos herumzuspringen. Probiere aus, wie weit du springen kannst und wie federleicht du aufkommst.

Wenn du es ausgekostet hast, steig wieder in deine Rakete, leg den Sicherheitsgurt an und husche zur Erde zurück.

Und nun, wenn du so weit bist,
wackele mit deinen Fingern und Zehen,
streck dich ganz weit und dann
öffne deine Augen.

Ich bin leicht.
Ich bin leicht.

*Schließe Deine Augen, werde ganz still und stell dir vor,
ein Vogel zu sein.*

Gleich
wirst du fliegen. Breite
deine Flügel aus und schüttele deine
Federn. Fühle, wie alle Spannungen dahinschmelzen. Du fühlst dich ruhig und entspannt und
bereit loszufliegen. Breite deine Flügel aus und schlage sie
rauf und runter und schon hebst du dich in die klare Luft. Probiere aus, wie hoch du fliegen kannst. Schwing dich bis zu den
Wolken auf. Und um noch höher aufzusteigen, sag zu dir selbst:

Ich bin frei. Ich bin frei. Ich bin frei. Ich bin frei.

Wiederhole diese Worte in Gedanken weiter, während du immer höher
in den Himmel aufsteigst. Je höher du steigst, desto glücklicher und leichter fühlst du dich. Breite deine Schwingen aus und lass dich von der Luft
tragen. Und wenn du so hoch bist, wie du nur kannst, höre auf zu fliegen und segele auf dem Wind. Fühle den Wind unter deinen Flügeln.
Genieße einfach dieses Gleiten im Wind. Dein Geist ist vollkommen
ruhig und friedvoll und du segelst still durch die warme Luft. Segele
so lange dich der Wind trägt und dann flattere in deiner eigenen
Geschwindigkeit nach unten. Sag immer weiter zu dir selbst:

Ich bin frei. Ich bin frei. Ich bin frei. Ich bin frei.

Bleib so lange in der Luft, wie du willst, und
dann kommst du ganz leicht auf den
Boden zurück.

*Und nun, wenn du so weit bist, wackele mit deinen Fingern und
Zehen, streck dich ganz weit und dann öffne deine Augen.*

Ich bin frei.
Ich bin frei.

Schließe Deine Augen, werde ganz still und stell dir vor,
du liegst auf dem Rücken in dem kuscheligsten Bett der Welt.

Es ist ein unglaublich bequemes Bett. Es ist weich und warm. Das Bettzeug ist aus feinstem Damast und liegt sanft und warm auf deinem Körper. Das Deckbett ist aus feinsten Daunenfedern gemacht. Du fühlst dich kuschelig umhüllt von der flauschigen Decke. Und du fühlst dich sicher und geschützt.

Langsam entspannen sich deine Beine mehr und mehr. Deine Muskeln entspannen sich und du sinkst tiefer und tiefer in dein kuscheliges Kuschelbett. Fühle wie deine Kniekehlen und Waden in das weiche Bett sinken. Fühle wie deine Hüften entspannen und schwer werden. Fühle wie sich deine ganze Wirbelsäule vollkommen entspannt. Genieße das wunderbare Gefühl, wie jeder Teil deines Rückens in das kuschelige Kuschelbett sinkt. Deine Schultern sinken in das weiche Bett. Deine Arme entspannen und sinken in das weiche Bett. Dein Kopf wird schwer und sinkt in das Federbett. Deine Augen werden schwer, dein Mund entspannt, deine Stirn wird weich und du sinkst tiefer und tiefer in dein Federbett.

Je tiefer du entspannst, desto mehr sinkst du in die Weichheit. Du fühlst dich sehr ruhig. wiederhole in Gedanken:

Ich bin völlig ruhig.
Ich bin völlig ruhig.

Bleib ganz still und ruhig, so lange du magst.

Und nun,
wenn du so weit bist,
wackele mit deinen Fingern und Zehen,
streck dich ganz weit und dann
öffne deine Augen.

Ich bin völlig ruhig.
Ich bin völlig ruhig.

*Schließe Deine Augen, werde ganz still und stell dir vor,
du hättest etwas Feenstaub.*

alte den Feenstaub in deiner Hand und schau ihn dir an. Er ist silbrig und glitzert im Licht. Es ist fast, als würdest du Tausende keiner Brillanten halten.

Dies ist magischer Entspannungsstaub. Auf welchen Teil des Körper du ihn auch immer sprenkelst, dieser Körperteil wird vollkommen still und ruhig. Fang damit an, ein wenig Staub auf deine Füße zu streuen. Die Zauberkraft in dem Staub wirkt und lässt deine Füße zur Ruhe kommen. Streue etwas Silberstaub auf deine Beine. Fühlst du, wie deine Beine zur Ruhe kommen? Streue noch etwas Feenstaub auf deinen Bauch und deine Brust. Alles in dir entspannt und kommt zur Ruhe. Streu etwas Staub auf deinen Kopf und die Zauberkraft wirkt auch auf ihn. Alle Muskeln in deinem Kopf entspannen sich. Und nun streue den Rest des Staubs auf deine Arme und Hände und lass sie entspannen. Der Zauberstaub hat deinen ganzen Körper zur Ruhe gebracht, also bleibe ganz still, so lange es dir gefällt.

Und wenn du magst, kannst du in Gedanken wiederholen:

Ich bin still. Ich bin still.

Und nun, wenn du so weit bist, wackele mit deinen Fingern und Zehen, streck dich ganz weit und dann öffne deine Augen.

Ich bin still.
Ich bin still.

Schließe Deine Augen,
werde ganz still und stell dir vor,
dass du ein großes Glas mit Seifenlauge in der Hand hältst.

Jetzt wirst du ein paar Seifenblasen machen. Es sind ganz besondere Seifenblasen, die durch die ganze Welt schweben werden und überall hin Frieden tragen.

Zuerst werde selbst ganz friedvoll. Atme tief ein. Während du einatmest, stell dir vor, dass du tiefen Frieden einatmest. Stell dir vor, wie Friede in deine Lungen und deinen ganzen Körper strömt. Und dann atme den tiefen Frieden in dir hinaus in deine Umgebung und die ganze die Atmosphäre.

Nun nimm die Seifenblasen-Schlaufe, tauche sie in die Seifenlauge, atme Frieden ein und dann atme aus, indem du behutsam durch die Schlaufe pustest, um so viele Friedensblasen wie nur möglich zu machen.

Stell dir vor, wie du jede einzelne Seifenblase mit Frieden füllst. Atme erneut Frieden ein und – atme Frieden aus in die Seifenblasen hinein.

Schau zu, wie die Seifenblasen in den Himmel aufsteigen und davonschweben. Wohin in die Welt möchtest du sie senden? Denke nur kurz daran und die Friedensblasen werden genau dort landen, wohin du sie senden möchtest, um Gedanken und Empfindungen von Frieden an jenem Ort zu verbreiten.

Atme noch einmal Frieden ein und atme aus, um noch mehr Seifenblasen zu machen. Schau die zarten Kugeln durch die Luft schweben und in Regenbogenfarben schillern. Sie tragen all deine Gedanken an Frieden an Orte in der Welt, die Frieden brauchen. Es ist ein gutes Gefühl, der Welt Frieden zu senden. Blase so lange deine Friedens-Seifenblasen wie du Spaß daran hast.

Atme Frieden ein und –
atme Frieden aus.
Atme Frieden ein und –
atme Frieden aus.

Und nun, wenn du so weit bist, wackele mit deinen Fingern und Zehen, streck dich ganz weit und dann öffne deine Augen.

Ich sende der Welt Frieden.
Ich sende der Welt Frieden.

*Schließe Deine Augen, werde ganz still und stell dir vor,
ganz allein in einer ruhigen Höhle zu sitzen
und zum Strand hinauszuschauen,
wo Kinder friedvoll Muscheln sammeln.*

Wellen rollen an den Strand und du kannst die Brandung hören. Horch, wie die Möwen am strahlend blauen Himmel kreisen und schreien. Wenn du ganz genau hinhörst, kannst du vielleicht sogar die Krabben hören, die durch den Sand schlurfen. Kannst du sie hören?

Du sitzt hier in dieser stillen Höhle und fühlst dich völlig sicher und sehr friedvoll. Lass dich von diesem herrlichen Gefühl von Frieden durchströmen. Du fühlst dich sehr sicher und beschützt in deiner besonderen Höhle. Wiederhole in Gedanken:

Ich bin sicher.
Ich bin sicher.
Ich bin sicher.

In dieser Höhle gibt es absolut kein Geräusch. Sei ganz, ganz still. Wie still kannst du sein? Du musst nichts tun und nirgends hingehen. Du kannst ganz einfach diese tiefe, tiefe Stille genießen.

Atme tief ein und –
atme langsam aus.

Kannst du so ruhig und still sein, dass du hören kannst, wie dein Herz schlägt?

Bleib in deiner stillen Höhle so lange du magst.

*Und nun, wenn du so weit bist, wackele mit deinen Fingern und
Zehen, streck dich ganz weit und dann öffne deine Augen.*

Ich bin ganz still.
Ich bin ganz still.

DIE SCHILDKRÖTE

Schließe Deine Augen, werde ganz still und stell dir vor,
eine Schildkröte zu sein, die im warmen Gras liegt.

 edes Mal, wenn du wirklich friedvoll werden möchtest, kannst du dich in deinen starken Schutzpanzer zurückziehen. Es ist ein so sicheres Gefühl in dieser Hülle. Es ist wie in einem sehr sicheren Haus. Du bist dort völlig zufrieden. Indem du einatmest und ausatmest füllst du die Hülle mit warmer Luft und dadurch wird es da drinnen ganz kuschelig.

Atme ein und – atme aus.
Atme ein und – atme aus.
Atme ein und – atme aus.

Streck deine Arme und Beine so weit du nur kannst und –
entspanne, entspanne, entspanne.
Wenn du dich streckst, fühlst du die Wärme der Sonne auf deinen Gliedern.

Nun streck deinen Nacken und Kopf so weit du kannst. Strecke und strecke und strecke und – lass los und entspanne.

Nimm noch einen tiefen Atemzug und genieße den Duft von frisch geschnittenem Gras. Du fühlst dich so weich und warm in deiner behaglichen Umhüllung. Du kannst die Stimmen und Geräusche von draußen hören, aber das stört dich überhaupt nicht. Für diesen Moment hast du dich entschlossen, in Stille dazusitzen und es zu genießen, ruhig zu sein. Wiederhole in Gedanken:

Ich bin still. Ich bin still. Ich bin still.

Du fühlst dich so behaglich und beschützt in deinem kleinen Haus. Wie lange kannst du in dieser entspannten Haltung bleiben?

Und nun, wenn du so weit bist, wackele mit deinen Fingern und
Zehen, streck dich ganz weit und dann öffne deine Augen.

Ich bin beschützt.
Ich bin beschützt.

Schließe Deine Augen, werde ganz still und stell dir vor, auf einer riesigen Schaukel zu sitzen.

Mach es dir auf der Schaukel bequem und dann stoße dich mit deinen Beinen ab. Und schon geht's los, vor und – zurück, vor und – zurück, vor und – zurück. Mit jedem Schwung wirst du ein wenig schneller und kommst etwas höher. Vor und – zurück, vor und – zurück, vor und – zurück.

Es macht einen solchen Spaß, auf dieser Schaukel zu schaukeln. All deine Probleme und Sorgen sind wie weggeblasen. Du fühlst den Schwung der Schaukel in deinem ganzen Körper. Wenn du nach vorne schwingst, werden deine Beine länger und länger. Und wenn du zurückschwingst, entspannen sie sich und werden ganz weich. Wenn du zurückschwingst, zieht sich dein Bauch ein, und wenn du nach vorne schwingst, entspannt er sich und wird ganz weich. Vor und – zurück, vor und – zurück, vor und – zurück.

Du fühlst dich so frei und glücklich beim Schaukeln und du genießt nur diesen Augenblick. Je höher du schaukelst, desto fröhlicher wirst du. Dein Geist ist völlig entspannt, völlig frei und völlig glücklich. All deine Gedanken schaukeln vor und – zurück, vor und – zurück, vor und – zurück.

Du fühlst dich auf deiner Schaukel leicht wie ein Vogel am Himmel, und wenn die Schaukel ganz oben ist, kannst du wie ein Vogel kilometerweit sehen. Was kannst du in der Entfernung erkennen? Welche geheimnisvollen Länder zeichnen sich am Horizont ab?

Bleib auf der Schaukel und genieße den Ausblick, so lange du magst. Jeder Schwung erfüllt dich mit Freude. Wiederhole in Gedanken:

Ich bin glücklich. Ich bin glücklich. Ich bin glücklich.

Und nun, wenn du so weit bist, wackele mit deinen Fingern und Zehen, streck dich ganz weit und dann öffne deine Augen.

Ich bin glücklich.
Ich bin glücklich.

Shließe Deine Augen, werde ganz still und stell dir vor,
dass du drei verschiedene Brillen hast.

s sind Zauberbrillen. Wenn du sie aufsetzt, verändert sich alles, was du fühlst und siehst. Setz die blaue Brille auf und schau, wie du dich ruhiger fühlst. Deine Augen entspannen sich und dann durchläuft eine hellblaue Welle von Frieden deinen ganzen Körper. Schau durch die Brille und beobachte, wie die Welt hellblau wird. Alles um dich herum erscheint sanft und entspannt. Die Menschen bewegen sich in Zeitlupe. Alle sind völlig entspannt und ganz friedvoll.

Nun nimm die blaue Brille ab und setz die orangene auf. Augenblicklich durchläuft eine orangene Welle von Glück deinen ganzen Körper. Die Welt verändert sich und wird glücklich. Alle bewegen sich jetzt etwas schneller und mit federnden Schritten. Die Sonne scheint hell auf alles. Alle lächeln und genießen das Leben.

Wechsele noch einmal die Brille und schau die Welt durch die rosa Gläser an. Deine Gefühle für dich und andere sind sanfter und liebevoller, sowie du die rosa Brille auf hast. Wenn du dich umschaust, sehen alle zufrieden aus und haben liebevolle Gedanken und Gefühle. Überall herrscht Harmonie, alle unterstützen sich gegenseitig.

Setz die rosa Brille ab und leg alle drei Brillen an einen sicheren Ort. Von dort kannst du sie jederzeit hervorholen, wenn du das Gefühl hast, etwas Frieden, Glück oder Liebe zu brauchen.

Und nun, wenn du so weit bist, wackele mit deinen Fingern
und Zehen, streck dich ganz weit und dann
öffne deine Augen.

Ich kann meine Stimmung wählen.
Ich kann meine Stimmung wählen.

Schließe Deine Augen,
werde ganz still und stell dir vor,
dass du die Welt in den Händen hältst.

Kannst du all die Kontinente sehen? Afrika, Australien, Asien, Europa, Nordamerika und Südamerika. Die Welt ist ganz schön erschöpft, krank und unglücklich. Es gibt so viele Probleme auf der Welt. Sie braucht wirklich deine Hilfe. Kannst du die Welt halten und ihr in Gedanken Licht schicken?

Schließe deine Augen und fülle deinen Geist mit Licht. Und wenn du soweit bist, sende Strahlen von Licht in die Welt hinaus. Stell dir vor, das Licht wird so stark, dass sich die Welt in eine Lichtkugel verwandelt.

Atme Licht ein und – atme Licht aus.
Atme Licht ein und – atme Licht aus.
Atme Licht ein und – atme Licht aus.

Jetzt probier einmal, ob du Gedanken voller Frieden in die Welt aussenden kannst. Sei ganz ruhig und fülle deinen Geist mit Gedanken an Frieden.

Atme Licht ein und – atme Licht aus.
Atme Licht ein und – atme Licht aus.
Atme Licht ein und – atme Licht aus.

Und nun füll deinen Geist mit Gedanken voller Liebe und sende Gedanken der Liebe in die Welt hinaus.

Atme Licht ein und – atme Licht aus.
Atme Licht ein und – atme Licht aus.
Atme Licht ein und – atme Licht aus.

Du fühlst dich jetzt sehr wohl, weil du Gedanken voller Frieden, Licht und Liebe in die ganze Welt geschickt hast.

Und nun, wenn du so weit bist,
wackele mit deinen Fingern und Zehen,
streck dich ganz weit und dann
öffne deine Augen.

Ich kann der Welt Frieden senden.
Ich kann der Welt Frieden senden.

DAS ZAUBERZIMMER

Schließe Deine Augen, werde ganz still und stell dir vor,
du seiest in einem Zimmer, das mit allen möglichen
Zauberdingen angefüllt ist.

Dieses Zimmer gehört einem freundlichen alten Zauberer. Schau nur in die Regale, da stehen Hunderte verstaubter Bücher mit Zaubersprüchen und Reihen um Reihen mit leuchtend bunten Flüssigkeiten – jede einzelne davon hat eine ganz besondere Zauberwirkung. Auf dem Tisch liegt eine Kristallkugel. Streich mit deiner Hand darüber. Sie fühlt sich so schön glatt und kühl an.

Schau in die Kristallkugel und du siehst Rauchwolken, die darin herumwirbeln. Langsam kommen die Wolken zur Ruhe und teilen sich, so dass du Umrisse und Gestalten in der Kristallkugel erkennen kannst. Was siehst du? —

Wenn du genug gesehen hast, tritt von dem Tisch zurück und du wirst eine zauberhafte schwarze Katze entdecken. Ihre Haare sind wunderbar weich und sie ist ganz zutraulich und freundlich. Die Katze schnurrt sanft und du streichelst ihr seidiges schwarzes Fell. Dann bewegt sie sich, als ob sie dich wohin führen will. Sie zeigt dir eine Geheimtür hinter dem Bücherregal. Du gehst durch die Tür. Welche erstaunlichen und zauberhaften Dinge findest du hinter der Tür? —

Vielleicht triffst du den Zauberer, der dir ein paar Zaubersprüche beibringt. Oder die Tür führt in ein geheimnisvolles farbiges Reich. Wohin führt dich diese Tür? Wo auch immer die Tür dich hinführen wird, du kannst ganz sicher sein, dass du eine zauberhafte Zeit voller Überraschungen haben wirst.

Wenn du genug erlebt hast, komm durch die Geheimtür zurück, schieb das Bücherregal an seine alte Stelle und verlass leise das Zauberzimmer.

Und nun, wenn du so weit bist, wackele mit deinen Fingern und
Zehen, streck dich ganz weit und dann öffne deine Augen.

Mein Leben ist voller Überraschungen.
Mein Leben ist voller Überraschungen.

Schließe Deine Augen, werde ganz still und stell dir vor,
ein sehr, sehr hoher Baum zu sein.

Ganz still stehst du da, denn deine Beine sind mit dem Boden verwurzelt. Kannst du deinen Körper so ruhig machen wie einen robusten Baumstamm. Stell dir vor, wie deine Zehen als Wurzeln tief, tief in die Erde hineinwachsen. Wie tief in die Erde hinein hast du deine Wurzeln wachsen lassen? – Je tiefer sie gehen, desto stärker wirst du. Du bist ein mächtiger Baum. Du fühlst dich stark und kräftig. Sprich in Gedanken zu dir:

Ich bin stark und kräftig. Ich bin stark und kräftig.
Ich bin stark und kräftig.

Genieße dieses Gefühl einen Augenblick. Käme irgendwer, um dich zu schütteln, du würdest dich nicht einen Zentimeter bewegen.

Nun stell dir vor, dass du wächst. Genieße dieses wunderbare Gefühl, dich zu strecken. Kannst du den gewonnenen Platz in deinem Körper spüren, wenn du dich streckst? Wachse und wachse, streck dich und streck dich, bis du der höchste Baum von allen bist. Dein Kopf ist jetzt hoch oben in der Luft. Es ist so luftig und leicht hier oben. Dein Kopf und die Schultern sind die Krone des Baums, dein Rumpf und die Beine der Stamm. Deine Füße sind die Wurzeln, sie bewegen sich nicht, doch die obere Hälfte deines Körpers wiegt sich sanft im Wind. Genieße eine Weile das Gefühl, starke Wurzeln zu haben und einen flexiblen Stamm.

Und nun, wenn du so weit bist, wackele mit deinen Fingern und
Zehen, streck dich ganz weit und dann
öffne deine Augen.

Ich bin stark.
Ich bin stark.

DIE WAHRSAGERIN

Schließe Deine Augen, werde ganz still und stell dir vor, dass du am Tisch bei einer Wahrsagerin sitzt.

Sie trägt lustige bunte Kleider, ein Kopftuch und große Ohrringe. Und vor ihr steht eine Kristallkugel. Sie lächelt und reibt über die Kristallkugel und auf einmal bewegen sich Farben und Formen in ihrem Inneren. Die Wahrsagerin fordert dich auf, in die Kugel zu schauen. Du siehst dich selbst, durch und durch glücklich! Ein vertrauensvolles Lächeln liegt auf deinem Gesicht. Du siehst so gesund aus und voller Freude. Die Wahrsagerin lächelt erneut und sagt, deine Zukunft sei voller Güte und Schönheit. Alles wird in Ordnung sein. Du musst dir über nichts und gar nichts Sorgen machen. Du siehst dich selbst laufen und springen. Du bist so leicht und glücklich. Du siehst dich selbst in der Schule eifrig lernen, und dann siehst du, wie du dich beim Spielen mit deinen Freunden vergnügst. Du siehst dich von wunderbaren Freunden umgeben. Du siehst dich von deiner Familie bedingungslos geliebt. Du siehst, wie du dich um andere kümmerst, für sie sorgst, sie respektierst und die Umwelt schützt. Du siehst dich selbst vollkommen glücklich. Du fühlst dich jetzt so entspannt, dass du weißt, dein ganzes Leben wird wunderbar sein. Du bist so glücklich, dass du dich für alles Gute in deinem Leben bedanken möchtest. Wiederhole in Gedanken: *Ich bin glücklich. Ich bin glücklich. Ich bin glücklich.*

Und nun, wenn du so weit bist, wackele mit deinen Fingern und Zehen, streck dich ganz weit und dann öffne deine Augen.

Ich achte das Gute in meinem Leben.
Ich achte das Gute in meinem Leben.

Schließe Deine Augen, werde ganz still und stell dir vor,
in einem warmen Schaumbad zu liegen.

Seifiges, warmes Wasser umspült dich. Du riechst deinen Lieblingsduft. Wonach riecht es? Dein ganzer Körper ist so entspannt, dass du im Wasser zu treiben scheinst. Wie du da so im warmen Wasser liegst, schau, ob du deinen Körper in Gelee verwandeln kannst. Lass deine Beine so entspannen, dass sie ins warme Wasser zu schmelzen scheinen. Erlaube deinen Beinen, elastisch und weich zu werden. Und nun lass deine Arme so entspannen, dass sie sich in Gelee verwandeln. Lass alle Steifheit in deinen Armen dahinschmelzen.

Nun lass deinen Nacken zu Gelee werden. Lass alle Spannungen in deinem Nacken dahinschmelzen. Lass deinen Kopf entspannen und sich in wabbeliges Gelee verwandeln. Wibbel, wabbel, wobbel. Das warme Wasser trägt deinen Kopf, wenn er sich entspannt. Entspanne deine Augen. Entspanne deine Ohren. Entspanne deine Wangen. Entspanne deine Stirn. Entspanne deinen Kiefer und die Zähne. Lass alles los. Das warme Wasser trägt deinen Kopf, während er sich sanft entspannt. Und jetzt fühle, wie dein ganzer Körper in dem warmen Schaumbad entspannt. Genieße den Seifenschaum auf deiner Haut. Du fühlst dich so warm, weich und entspannt. Bleib in dem warmen Schaumbad, so lange es dir gefällt.

Und nun, wenn du so weit bist,
wackele mit deinen Fingern und Zehen,
streck dich ganz weit und dann
öffne deine Augen.

Ich bin warm und entspannt.
Ich bin warm und entspannt.

DER BILDSCHIRM

Schließe Deine Augen, werde ganz still und stell dir vor,
ein leerer Fernsehbildschirm stünde vor dir.

it der Kraft deiner Gedanken kannst du alles auf dem Bildschirm erscheinen lassen, was du willst. Fang mit dem Wort »ruhig« an. Schreib die Buchstaben in den Formen und Farben, die du magst, auf den Bildschirm.

Lehn dich zurück und schau dir das Wort »ruhig« auf dem Bildschirm an. Wie fühlst du dich dabei? Fühlst du dich entspannter und ruhiger?

Während du einatmest und ausatmest genieße das Gefühl von Ruhe, das sich in deinem ganzen Körper ausbreitet. Kannst du deinen Körper und deinen Geist vollkommen ruhig

werden lassen? Wiederhole in Gedanken:

Ich bin ruhig.
Ich bin ruhig.
Ich bin ruhig.

Nun kannst du auf deinem Bildschirm erscheinen lassen, was immer du magst. Denk daran, ganz still zu bleiben, während du dein ganz persönliches Fernsehprogramm anschaust. Du kannst auch mal den Kanal wechseln.

Achte darauf, wie das Anschauen verschiedener Programme auf deinen Körper und deinen Geist wirkt. Kannst du trotzdem ruhig bleiben?

Und nun, wenn du so weit bist,
wackele mit deinen Fingern und Zehen,
streck dich ganz weit und dann
öffne deine Augen.

Ich bin ruhig.
Ich bin ruhig.

Schließe Deine Augen, werde ganz still und stell dir vor,
wie du vor einem großen Kessel stehst.

Alle möglichen Flaschen und Näpfe stehen um dich herum. Du braust einen Trank, der dir hilft, entspannt und friedvoll zu werden. Nimm von den Flaschen diese und jene und tröpfele etwas daraus in den kochenden Kessel. Nimm auch ein paar Näpfe und streue von dem Puder darin in den Kessel.

Wunderbar blauer Rauch steigt aus dem Kessel auf und du weißt, dass dein Entspannungszauber fast fertig ist. Nur noch eine Prise von diesem und ein Spritzer von jenem. Nachdem du all deine geheimen Zutaten zusammengemischt hast, nimm einen großen Löffel und schlürfe nur ein ganz klein Wenig von dem mächtigen Trank. Er schmeckt ganz süß und ist kühl auf der Zunge.

Sofort beginnt dein ganzer Mund sich zu entspannen. Ein wunderbares Gefühl von Frieden breitet sich über deine Wangen und deine Stirn aus. Deine Augen fühlen sich köstlich schwer und entspannt an. Auch dein Nacken entspannt und wird friedvoll. Das ist wirklich ein mächtiger Trank, denn das Gefühl von Frieden breitet sich so schnell in deinem ganzen Körper und jeder einzelnen Zelle aus. Dein Herz ist ruhig und friedvoll. Du spürst, wie dein Herzschlag ruhiger wird. Deine Lungen sind friedvoll. Deine Atmung wird ruhiger und sanft. Dein Bauch entspannt sich vollkommen und wird friedvoll. Deine Arme und Beine werden friedvoll. Und schon bist du von einem friedvollen Leuchten umgeben. Es fühlt sich an, als wärest du in einer blauen Blase von Frieden.

Du fühlst dich so ruhig und still. Es ist wunderbar, friedvoll zu sein. Genieße deinen Entspannungszauber so lange du magst.

Und nun, wenn du so weit bist, wackele mit deinen Fingern und
Zehen, streck dich ganz weit und dann öffne deine Augen.

Ich bin entspannt.
Ich bin entspannt.

*Schließe Deine Augen, werde ganz still und stell dir vor,
dein Geist sei der König und dein Körper der Diener.*

Wenn der König befiehlt, muss der Diener gehorchen. Was immer der Geist sagt, der Körper muss es tun. Du bist natürlich ein sehr freundlicher König und behandelst deinen Körper mit viel Liebe und großem Respekt. Du bist deinem Körper sehr dankbar, denn ohne ihn könntest du ja nichts tun. Also bleib einen Moment ruhig und denk darüber nach, wie wunderbar dein Körper ist.

Nun, als König kannst du deinem Körper befehlen, alles mögliche zu tun. Du kannst deinen Körper bitten, mit seinen Zehen oder Fingern zu wackeln. Kannst du deinen Körper bitten, mit den Zehen oder Fingern zu wackeln?

Und nun sage deinem Körper behutsam, sich vollkommen zu entspannen. Kannst du deinen Beinen und Füßen befehlen, völlig still und entspannt zu werden? Sprich zu deinen Beinen: »Ich befehle euch zu entspannen«; und fühle, wie sie schwer werden und entspannen. Nun befehle deiner Brust und deinem Magen zu entspannen. Sag deiner Brust und deinem Magen: »Ich befehle euch zu entspannen«; und fühle, wie alle Muskeln in Brust und Magen loslassen und entspannen. Nun weise die Arme und Hände an zu entspannen. Sag: »Ich befehle euch zu entspannen«; und beobachte, wie sie schwer werden und entspannen. Schließlich gib dem Kopf das Kommando, völlig zu entspannen. Deine Augen entspannen. Deine Ohren entspannen. Deine Stirn entspannt. Dein Mund entspannt. Dein Kiefer entspannt.

Jetzt ist dein ganzer Körper vollkommen entspannt. Was für ein mächtiger König du bist! Dein Körper gehorcht dir aufs Wort. Nun ist er vollkommen still und entspannt. Bleib so still, wie du kannst, bis es Zeit ist, dem Körper zu befehlen, sich wieder zu bewegen.

*Und nun, wenn du so weit bist, wackele mit deinen Fingern und
Zehen, streck dich ganz weit und dann öffne deine Augen.*

Ich habe die Kontrolle.
Ich habe die Kontrolle.

*Schließe Deine Augen, werde ganz still und stell dir vor,
dass du auf weichen Wolken liegst.*

Ganz hoch oben im Himmel bist du, aber du fühlst dich völlig sicher und gut gebettet in diesen flauschigen Wolken. Sie sind so weich auf deiner Haut. Es ist, als ob dein ganzer Körper eine Wolke wäre. Bewege behutsam deine Arme und Beine und achte darauf, wie weich und zart sie sind. Du fühlst dich so sicher und kuschelst dich in die weichen Wolken.

Dein Körper wird ganz leicht.
Deine Arme werden leicht.
Dein Bauch wird leicht.
Deine Brust wird leicht.
Deine Beine werden leicht.
Und dein Kopf wird leicht.

Es ist, als hätte sich dein Körper in eine weiche Wolke verwandelt.

Langsam ziehst du über den Himmel dahin. Dein ganzer Körper ist vollkommen entspannt und wolkig. Deine Arme sind entspannt. Deine Beine sind entspannt. Dein Kopf ist entspannt. Und auch dein Geist ist ganz weich und behutsam. Alle Sorgen und aller Ärger treiben einfach davon und du bleibst mit einem friedvollen Geist zurück. Deine Gedanken sind still. Sprich zu dir selbst:

Ich bin ruhig.
Ich bin ruhig.
Ich bin ruhig.

Bleib auf deiner Wolke liegen, so lange du magst, und genieße das wunderbare Gefühl, beschaulich über den Himmel zu ziehen.

Ich bin weich und entspannt.
Ich bin weich und entspannt.

*Und nun, wenn du so weit bist,
wackele mit deinen Fingern und Zehen,
streck dich ganz weit und dann
öffne deine Augen.*

Ich bin weich und entspannt.
Ich bin weich und entspannt.

Schließe Deine Augen, werde ganz still und stell dir vor,
dass vor dir ein Paket in braunem Packpapier liegt.

Schau genauer hin und du kannst sehen, dass dein Name darauf geschrieben steht. Es muss ein besonderes Geschenk für dich sein. Voller Erwartung öffnest du das Paket und es kommt ein großes Stück glitzernder Stoff zum Vorschein. Er ist ganz leicht und fast durchsichtig. Du fragst dich, was das wohl ist. Du nimmst die Decke in die Hand und bemerkst, dass deine Hand zu verschwinden scheint. Du denkst, dass muss eine Art Tarnkappe sein und wenn man sie umlegt, wird man unsichtbar.

Probier es aus, indem du die Decke über deine Füße legst. Sieh, wie deine Füße verschwinden und wieder zum Vorschein treten, wenn du die Decke fortziehst. Wenn die Decke deine Haut berührt, dann ist es, als würdest du schmelzen und innerlich ganz weich werden.

Hüll dich in die Decke und du wirst völlig unsichtbar. Deine Beine sind unsichtbar. Deine Arme sind unsichtbar. Deine Brust ist unsichtbar. Dein Kopf ist unsichtbar. Was für ein Gefühl ist es, völlig unsichtbar zu sein? Du hörst dein sanftes Atmen.

Atme ein und – atme aus.
Atme ein und – atme aus.

Langsam bewegst du dich durch den Raum. Vor dir hängt ein langer Wandspiegel. Schau in den Spiegel. Was siehst du? Nichts! Du bist unsichtbar.

Das bringt dich auf eine Idee. Du kannst auf Abenteuer gehen. Denk kurz darüber nach, wohin du gerne gehen möchtest und augenblicklich wirst du dorthin versetzt. Schau, wie viele Orte du besuchen kannst, ohne bemerkt zu werden.

Es ist so aufregend herumzugehen, wenn man von niemandem gesehen werden kann. Koste dieses Abenteuer aus, so lange du magst.

Und nun, wenn du so weit bist, wackele mit deinen Fingern und
Zehen, streck dich ganz weit und dann öffne deine Augen.

Ich bin still.
Ich bin still.

Schließe Deine Augen, werde ganz still und stell dir vor,
wie du an einem warmen Tag am Strand sitzt und dem
Sonnenuntergang zuschaust.

Eine Brise weht sanft über dein Gesicht. Du kannst die frische Seeluft riechen und ein salziger Geschmack liegt auf deinen Lippen. Du fühlst dich ruhig und ausgeruht und lauschst den Wellen, die an den Strand rollen. Schau über das Meer und du siehst die Sonne als rot-goldenen Ball, der langsam sinkt. Du sitzt reglos im warmen Sand und schaust zu, wie die Sonne langsam im Meer versinkt.

Nach und nach färbt sich der Himmel in den erstaunlichsten Farben. Du entdeckst alle möglichen Schattierungen von Rosa, Orange und Gelb gemischt mit Blau und Purpur. Der Anblick ist atemberaubend. Was für eine Freude, das Farbenspiel zu betrachten, das die untergehende Sonne an den Himmel malt. Es sieht so prächtig aus.

Du fühlst dich beim Anblick dieses Wunders der Natur ganz still. Bleib ruhig und gelassen sitzen. Die Sonne senkt sich sanft hinter den Horizont. Während du dem Sonnenuntergang zuschaust, wiederhole in Gedanken:

Ich bin gelassen.
Ich bin gelassen.
Ich bin gelassen.

Genieße das Gefühl, ruhig und friedvoll zu sein. Dein Körper ist vollkommen entspannt und dein Geist ist ganz klar.

Und nun, wenn du so weit bist,
wackele mit deinen Fingern und Zehen,
streck dich ganz weit und dann
öffne deine Augen.

Ich bin gelassen.
Ich bin gelassen.

BUCHEMPFEHLUNGEN

Marneta Viegas
Entspannende Geschichten
52 Visualisierungen zum Vorlesen. Band 1
112 Seiten durchgehend vierfarbig, Festeinband
ISBN 978-3-88755-411-8

Dr. Christiana Kieser
Lukas und die Monster unterm Bett
Klopf, klopf, klopf, ich helfe Dir
48 Seiten, farbig, Festeinband
ISBN 978-3-88755-402-6

Ingrid Schlögel
Natürliche Pädagogik
*Mit den Kindern von heute
in Liebe wachsen*
288 Seiten, Festeinband
ISBN 978-3-88755-405-7

Dr. Christiana Kieser
Kobold, mein Freund
Sicherheit und Stärke finden
96 Seiten, illustriert, mehrteiliger
Kobold-Schatz, Poster in Archivbox
ISBN 978-3-88755-400-2

mehr unter
www.param-verlag.de